我家孩子不一樣

特殊教育需要子女的治療與成長

羅健文 著

我家孩子不一樣——特殊教育需要子女的治療與成長
作者／羅健文
策劃編輯／伍詠慈
協力編輯／史曉晴
美術設計／陳詩韻
出版發行／突破出版社
香港沙田亞公角山路33號突破青年村
電話：2632 0000　傳真：2632 0388
電郵：breakthrough@breakthrough.org.hk
網址：http://www.breakthrough.org.hk
http://www.btproduct.com
承印／陽光（彩美）印刷公司
2016年10月初版1刷
2017年5月初版2刷

Family Stories and Clinical Practice in Teenagers of Special Education Needs
by Brian Law K. M.
First Printing, First Edition, October 2016
Second Printing, First Edition, May 2017

Printed in Hong Kong
ISBN 978-988-8392-22-3

本書採用環保油墨印刷

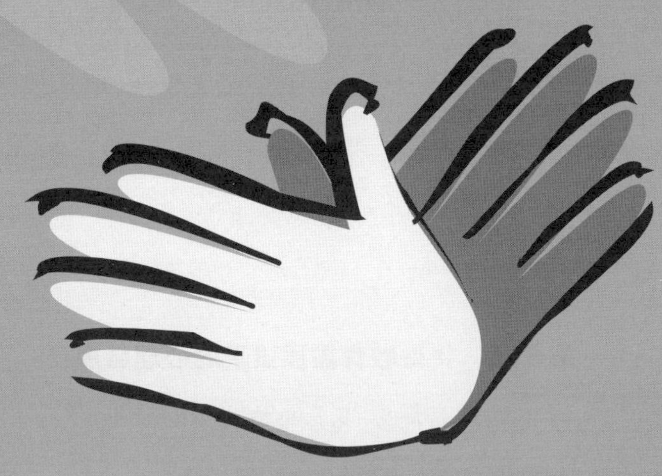

栽培新一代

年輕的心 驛動卻美麗

認識 貼近

關愛 同行

建造新一代更動人的生命

目錄

序

在心理輔導學領域，「特殊教育需要子女與家庭健康」的專書並不常見，尤其有關主流學校裏「特殊教育需要」的中小學生的題材更為罕見。過往，即或有介紹「特殊教育需要」學童，多從個人的心理角度出發，分析這些兒童和青少年的特殊行為和病徵，大多強調症狀引致的行為問題或教育他們的具體方法。而且，因着書籍並非本地出版，書中援引的例子，並不切合在本港就讀中小學的「特殊教育需要」學生。

香港特殊教育委員會指出，「有特殊教育需要兒童，是指那些不能從為其他同齡兒童而設的課程中充分獲益，或在普通學校環境下未能獲得充分照顧的兒童。」他們只要有以下其中一種或以上特徵，便可被視為有特殊教育需要：

1. 聽覺弱能
2. 視覺弱能
3. 身體弱能
4. 弱智
5. 適應困難
6. 學習困難

坊間所見的學童輔導書籍，多數以「融合教育」或「個別學習計劃」為焦點，較少考慮特殊教育需要學童的家庭經驗，故此未能探究如何為他們提供心理及家庭支援。這些輔導書籍大多重視「人我關係」，教導讀者如何協助特殊兒童與人相處、改善溝通技巧，讀者很容易鑽進「人對人」的狹窄角度。其實，人們的社羣關係或家庭經驗，並不是二元對立，我們不可忽視人在情境中，對個人行為、情緒和認知經驗的影響。

每個人的經驗與成長，與他當前的困擾不一定有直接的因果關係，但他們現在身處的情境結構會影響他們的行為。臨牀心理治療介入時，探究的不單是個人行為，也要仔細觀察學童與他人的相處模式，檢視個人與社羣和家庭的關係結構。

有關香港學童的輔導書籍不多，即使有，其取向也以學童的問題為敍述中心，或探究學童的種種行為。這些書籍仍舊以「溝通和問題」為主調，分析種種阻礙特殊教育需要兒童發展的障礙物，提供改變他們行為的方法。

可是，我聽過許多故事，深深體會家庭的生活對這些孩子的深遠影響。他們的家庭狀態影響他們的個人認知，甚至做成偏差。若他們的家庭有某些功能失調，會加劇學童的問題：學童與家人、同輩相處時，要是遭受心理攻擊，或因學童的情緒引發衝突，都可能對他們的心智發展造成傷害。

筆者的臨牀個案多數為有「適應困難」及「學習困難」的中小學生，而本書探究的個案，也主要來自主流學校。故此，我選取在融合教育下較常見的案例，包括：

1. 學習障礙（Learning disorder）
2. 亞氏保加症（Asperger syndrome）
3. 專注力不足 / 過度活躍（Attention - deficit hyperactivity disorder，AD / HD）
4. 情緒及行為障礙（Emotional & behavioral disorder）
5. 讀寫障礙（Reading disorder）

本書編排

筆者在書中結合學生輔導個案和臨牀的經驗，指出特殊教育孩子在學校與家庭中，最常表現的情緒和行為問題。父母或老師最感擔憂的，是這些孩子經常處於焦慮和煩躁不安的狀態，偶爾情緒失控，突然暴怒，導致與同學衝突，結果被周遭的人評定為人際關係不佳和難於管教，使他們的恐懼、焦慮和憤怒升級。

由於他們習慣負面思考，也不善溝通和求助，在衝突和壓力的處境中往往作出不當反應，致使心理狀況和行為問題惡化。至踏入青春期，這些孩子因先天缺陷和社交生活障礙，直接影響升學。投身社會後，當他們在工作遇上挫折或不能穩定地做一份工作時，便可能長期隱蔽於家中，給家庭帶來沉重負擔，或導致心理健康問題。

香港缺乏特殊教育學童的參考案例，也欠缺家庭心理支援的實務臨牀工作紀錄和書籍，因此希望這本書不僅是學生輔導的工具書，也藉此記錄本地特殊教育需要者的故事——這些學童和青少年或有適應困難，或有學習困難，也有各自的家庭遭遇，卻是一個個真實的生命故事。

要以特殊教育學童為主角，編寫一本實用的家庭輔導書，當中牽涉很多概念、診斷名詞和治療方法。為了讓沒有相關經驗的讀者能看得懂，也有興趣繼續讀，書中不少故事將以第一手經驗述説，透過特殊教育學童的行為和表面徵狀，介紹不同特殊教育子女及其家庭在各種面向的情況，並以子女的成長為導向，記錄筆者如何運用心理輔導和兒童發展精神病理學的理論，跟進個案孩子及其家庭的臨牀治療和支援歷程。

透過分享實戰經驗，對想了解和幫助特殊教育學童的讀者有所幫助，也期望以簡潔的文字，層次分明的解説，讓普羅大眾，尤其是有同樣需要而較弱勢家庭的父母和孩童照顧者讀得明白。這本書要求裝訂輕便、文字淺顯易懂，加闊行距、字體加大，避免密密麻麻冗長的排列，好讓家中的祖父母也可以容易閱讀。

愛與成長的真實故事

這本書記錄了多個家庭故事。有些來自我多年接觸的個案，也有些是在研究文獻中整理出來的。為保障真實案例中的主角，他們的姓名、背景及某些具體的臨牀細節已作修改，而案例中的所有名字純屬虛構。

從決定聚焦於這些學童的家庭困境和支援個案時，我相信自己將會沉浸在他們生命的「愛」與「成長」情感故事裏。經過定期的心理支援工作，我深刻感受，這些學童的心智發展不單是父母與子女的個人直線關係，而是家庭關係的改善或惡化都會影響親子感情和家庭功能。良好的家庭關係可以增強家庭教育和兒童教養的良性循環，反之，則是惡性循環。

筆者喜歡遊走於學術建制的邊緣，本土個案紀錄不應是由「學術編輯」掌控的話語權力，而是真實的生活處境，像涓涓細流般流進讀者的生活場景，啟發無常人生旅途的謙遜關懷。多年來與這些家庭同行，讓我看見家庭關係復元的可能，在不確定的表象背後，我們以勇氣探索當中的意義，跨越培育特殊教育子女之苦與樂。走進特殊需要孩子的家庭，記錄他們的個案，並不是象牙塔中的論文競賽，我們看見的是孩子的生命。當我聆聽家庭對話時，「窺見」要是親子關係靈活多元，可以讓孩子發揮巨大的成長潛能。

結構鋪排

第一至二章：從幾個向度，包括心性發展（Psychosexual development）、認知發展（Cognitive development）及心理社會發展（Psychosocial development），讓讀者先了解孩子

的人格、心理和行為的發展歷程。

第三章：解説怎樣運用「環境交互作用模式」、「自我概念與社會理解力」、「家庭調整和適應反應模式」等理論框架，為特殊教育需要孩子及其家庭提供治療及心理支援。

第四章：記述五個真實特殊教育需要子女的家庭案例及支援手法，其中在「李家的故事：我成長的快樂歲月」中，特意邀請由台灣移居香港的一位「假單親」母親，以她的女兒樂樂的視角講述孩童成長經歷。樂樂的父親長期留在台灣工作，自幼由母親陪伴留港讀書，以第一身角度敍述，有助讀者明瞭特殊教育需要兒童的心聲。

第五章：這一章邀請了專業課程學員鄺寶芝同學協助採訪。鄺同學畢業於中文大學新聞與傳播學院，曾在電視台負責專訪工作多年，並關注有特殊需要的孩子。我們採訪了四位家長，把採訪整理和編寫相關資料，希望為孩子和家庭發聲，也讓讀者聆聽母親的心聲。

我是一位實務的臨牀工作學者，也是家庭的同行者。走進這些有特殊教育需要的孩子家中，記錄每段寶貴經驗，除了幫助讀者了解，也希望幫助這些孩子及其家庭。書中案例是數個典型特殊個案，取自本土家庭，旨在説明治療者對相關案例的診斷、治療和支援的理念和考量。抛磚引玉，我期待更多專業人員發展出種種有效的個人及家庭介入策略，促進特殊教育需要孩子的成長，讓他們的生活變得更美好！

第一章
特殊教育需要孩子的心理發展

1. 特殊教育需要孩子的發展障礙評估
2. 個案的個別性評估

導言

特殊教育需要孩子在幼兒期已出現發展障礙。臨牀診斷關注的是孩童飲食習慣、注意力及專注力、語言及閱讀、動作及情緒或學習障礙相關的症狀。在社會中較常聽到有關對弱智、學習障礙及專注力不足 / 過度活躍症等的特殊教育兒童案例，人們可以很快從兒童的外表或言談動作辨認出來。家長或學校老師看見孩子有類似特質時，很容易憑直覺就懷疑兒童有發展性障礙。

1. 特殊教育需要孩子的發展障礙評估

臨牀工作者一般使用美國《精神疾病診斷與統計手冊》第四版更新（DSM-IV-TR）或最新的第五版作為診斷標準，評估特殊教育需要兒童的發展障礙問題。簡單歸納，特殊教育需要兒童的發展障礙類別，大致可分為：

1. 弱智（Mental retardation）

2. 學習障礙（Learning disorder）
   - 閱讀障礙（Reading disorder）
   - 算術障礙（Mathematics disorder）
   - 書寫障礙（Disorder of written expression）

3. 運動技能障礙（Motor skills disorder）
   - 發展協調障礙（Developmental coordination disorder）

4. 溝通障礙（Communication disorders）
   - 語言表達障礙（Expressive language disorder）
   - 表達性和感受性語言障礙（Mixed receptive-expressive language disorder）
   - 音位學障礙（Phonological disorder）
   - 口吃（Stuttering）

5. 廣泛性發育障礙（Pervasive developmental disorder）

- 自閉障礙（Autistic disorder）
- 雷特氏症（Rett syndrome）
- 兒童期分裂障礙（Childhood disintegrative disorder）
- 亞氏保加症（Asperger syndrome）

6. 專注力不足 / 過度活躍（Attention - deficit / Hyperactivity disorder），可分為專注力不足（Attention-deficit）、過動及衝動（Predominantly hyperactive-impulsive type）及專注力不足 / 過度活躍症（Attention-deficit / Hyperactivity disorder）三類別外，還有特定的專注力不足 / 過度活躍症（Other-specific Attention-deficit / Hyperactivity disorder），如品行障礙（Conduct disorder）、對立違抗性障礙（Oppositional defiant disorder）或破壞性行為障礙（Disruptive behavior disorder）等，與及未特定的專注力不足 / 過度活躍症（Un-specific Attention-deficit Hyperactivity disorder）。

7. 抽動障礙（Tic disorders）

- 妥瑞氏症（Tourette syndrome）
- 慢性運動或發聲抽動障礙（Chronic motor or vocal tic disorder）
- 短時抽搐性障礙（Transient tic disorder）

8. 餵食及飲食障礙（Feeding & eating disorders）

- 異食癖（Picas）
- 反芻症（Rumination disorder）
- 幼兒期餵食障礙（Feeding disorder of infancy or early childhood）

9. 排泄性疾病（Elimination disorders）：包括大便失禁／遺糞症（Encopresis）及遺尿症（Enuresis）的類別區分。

10. 其他障礙

- 分離焦慮症（Separation anxiety disorder）
- 選擇性緘默症（Selective mutism）
- 反應型依戀症（Reactive attachment disorder）
- 刻板運動障礙（Stereotypic movement disorder）

可有被以上的專業名詞嚇倒？有不少父母及教育工作者關注兒童的特殊教育需要，但作為臨牀治療者，我們更關注兒童發展精神病理學（Developmental Psychopathology），兒童在不同階段的發展歷程和目標，促進改變的因素等等；其中提到的概念，指出精神病理涉及個人行為、認知和情緒模式，就是指出個人對自己，或對他人表現出不正常（abnormal）、適應不良（maladaptive）、破壞性（disruptive）或使人痛心（distressing）的狀況。

參考《精神疾病診斷與統計手冊》時，我特別注意引起徵狀的原因。這些徵狀本身有着相關的潛在起因，不能只依據幾項診斷標準而忽視其他潛在因素，而導致這些徵狀或行為表現的潛在起因，不一定容易解決，於是我儘量避免使用有助確診的徵狀列表，不想輕率作出主觀判斷；更不能把它單單看成病症配藥，以免有不必要的負面標籤效應。

對我來說，除了要依據精神病理學診斷特殊教育兒童疾患的病理，還要認真思考導致這些徵狀的因素，特意運用多種臨牀介入手法，包括生物、心理與社會科學理論等，綜合了解特殊教育兒童及青少年的心理發展和相關行為的重要性。特殊教育學童的種類很多，根據香港教育局通告（12/2015）指出，特殊教育需要包括：

1. 特別學習困難（Special learning difficulties，SpLDs）
2. 智力殘障（Intellectual disability，ID）
3. 自閉症（Autistic spectrum disorder，ASD）
4. 專注力不足，專注力不足 / 過度活躍症（Attention-deficit，AD；Attention-deficit hyperactivity disorder，AD / HD）
5. 肢體殘障（Physical disability，PD）
6. 視力缺損（Visual impairment，VI）
7. 聽力缺損（Hearing impairment，HI）
8. 說話及言語缺損（Speech & language impairment）

2. 個案的個別性評估

這些症狀的學童，大致區分為：學習障礙、溝通障礙、情緒及行為障礙、肢體障礙及發展障礙。本書探究個案主要來自主流學校的融合教育學童，因此根據相關分類及本人的臨牀實戰經驗，選取較常見的：

1. 學習障礙
2. 亞氏保加症

3. 專注力不足 / 過度活躍症

4. 情緒及行為障礙

5. 讀寫障礙

第四章詳細記錄典型案例的家庭故事，並解說該類別特殊教育需要學童相關的輔導知識。

筆者重視家長的經歷和感受，家長陪伴特殊教育需要子女成長的感受、他們的家庭經驗、個人或是家庭的故事。故此，在第四章，我會以歸納的描述方式整理家長訪談紀錄，幫助讀者掌握家庭的觀點和感受。

了解兒童的心理發展和行為有諸多方向，相關的心理治療學說和提出的手法各異。相對個別及嚴重的個案，涉及內因性或器質性的疾患，較注重病理的探討和藥物使用。對於那些在一般學校生活的特殊教育需要學童來說，心理支援和治療不僅有助學童的自尊感和心理健康發展，裝備他們面對成長考驗，他們在家庭所遭遇的困境也是治療介入的方向。

由於兒童及青少年心智發展離不開學校和社區，治療介入也會探討哪些危機因素（risk factors）誘發或促使孩童及青少年在成長發展時出現心理和精神健康問題，也會檢視哪些保護因素（protective factors）能照顧和保護孩童及青少年，讓他們免受心理和成長的衝擊。

讀者或許有興趣知道，我怎樣運用這些互動因素協助個案及家庭邁向更健康的生活。在案例解說裏，我會展示如何運用「人在情境中」的系統治療手法，謹慎處理出現在客觀環境中不易變遷的因素；同時，描述當我走進家庭時，如何與當事人建立信任而親近的微妙關係，這種關係有助心理支援和介入治療的進程，當中涉及專業倫理守則，還有約束治療關係的發展，這樣才能有效維護案主及家庭的情感和福祉。

認識帶來面對困境的勇氣

我們關心特殊教育需要兒童的成長，也明白教養及陪伴特殊教育需要子女成長並非易事。特殊教育需要學童的分類多樣，成長發展也非常複雜，我們不能只尋求簡單的答案，希望你把這本書視為你的裝備。或許你曾閱讀基本的心理學，再讀本書時覺得耳熟能詳，但不要輕看。筆者教授專業課程的學士 / 碩士畢業生，也要努力深入了解不同學說的重要性和意義。

成長是人生的歷程 —— 或許你的先天遺傳或環境因素不怎樣，境遇不如意，我們儘管把這些考驗視為挑戰，實現自己的潛能，賦予個人生命很多可能和希望。我們不僅由過去塑造，也會追求成長，希望成為自己理想的人。

成長也意味着我們與他人、與社會及所處世界的關係，我們在成長中不斷學習及選擇，改變人生，目標是邁向美好的生命。人本關懷的心理學者認為，人的每一個行為都有抉擇，以及具有目的意義。我們雖是獨立的個體，但作為社會的一員，能與他人連繫，能讓我們有勇氣面對並處理生活的困境和問題。

第二章

成長的心理需要與發展階段

1. 心理發展概念
2. 心性發展
3. 認知發展
4. 心理社會發展

導言

首先，讓我們先由淺入深，弄清幾個重要的兒童心理發展概念：

1. 心性發展（Psychosexual development）
2. 認知發展（Cognitive development）
3. 心理社會發展（Psychosocial development）

本章將分部解說三個概念的不同視角，了解學童的人格、心理和行為的發展歷程。

1. 心理發展概念

首先從發展心理學解説人的成長。

嬰兒期

幼兒從出生到一歲左右，大腦皮質機能仍未成熟，他們的一切反應原屬於「反射性」的被動性反應，如抓握反射動作。初生嬰兒的情感表現出愉快與不愉快的情緒，以笑和哭兩種簡單表情來表達需要。嬰兒的意識約在出生兩至三個月後才明顯，會對外界的刺激作出反應。新生嬰兒的反射動作慢慢地被隨意動作所取代，腦部發展隨之進入「大腦中樞時期」（Central Nervous System, CNS），中樞神經系統由腦袋和脊髓組成，是整個神經系統的控制中心，負責接收和整合從週邊神經系統（Peripheral Nervous System）傳來的信息，再按接收訊息作出反應或發出動作指令，對熟悉的人和外界漸漸開始了「再認作用」。

隨着身體肌肉和骨骼機能發展，嬰兒會自主地在牀上或地板翻身，知覺發展使他們逐漸能分辨不同顏色。四至五個月時，開始對別人不同的表情作出反應；同時開始牙牙學語，也懂把頭轉向聲源，喜歡產生聲音的物件或玩具。約六至八個月，嬰兒學會坐，視覺上能分辨東西的距離。語言能力也開始發展，模仿大人聲音，發聲漸趨複雜；情感上除了表現不愉快，還有生氣、嫌惡和恐懼等多種情感。

直至兩歲左右，是自我意識萌芽期。他們能自行走路，情感表達具層次和多樣性，如嫉妒、害羞、愁悶或憂慮的負面情感漸次分明。隨着幼兒的語言能力發展，他們運用的字詞豐富了，行為多以自我為中心，尤其鬧情緒時，特別喜歡以「不」字作反抗，俗稱為「第一反叛期」。這時期小孩的思考特點，以直線二元化，簡單把事物和人分為好與壞，是或不是。

兒童期

邁進兒童期，約等於小學階段，又稱為童年中期（六至十二歲）。他們的認知發展能力已能把實物作具體分類，以經驗和體會獲得新知識。這時，個人喜好和習慣逐漸形成，良好的生活習慣有助學童建立自信心。他們的自我意識和能力特質也表現得較明顯，具備實用性思考，有助他們脫離幼兒期的幻想性思維，懂得按照個人喜好做事和交友。

在童年中期他們開始發展自我概念。自我概念指個人對自己的認知感覺，即是對自己是怎樣的人的信念及個人心理影像。兒童對自己的看法深受學校經驗、師長、朋輩和家庭成員的互動影響。在相當程度上，個人的自我概念取決於別人或重視他人對自己的看法，特別在童年的自我概念形成期。這種自我看法的形成，關乎周遭交往親近的人物對他們的期待，而這種期待往往影響他們與別人一起時的行為表現和感受想法。

青少年期

十一至十四歲是童年至青年的過渡期。在這階段的少男少女生理會漸趨成熟，身體出現第二性徵，伴隨生理上的劇烈變化，個人心理發展也會出現特殊的改變。最明顯的是青少年渴望獨立自主，擺脱兒童期對父母的依賴。可是，青少年缺乏社會經驗，心理上仍未足夠成熟應付完全獨立的生活，內心充滿掙扎，以致常感到不安和焦躁。

為要應付這些內在衝突，他們慣常不聽從父母或師長的意見，個別更會採用極端甚至激烈的手段作抗爭，意圖掙脱父母的管束，在心理發展上被稱為「第二反叛期」。由於青少年不想依賴父母，轉移尋求師長、同學友輩的了解和接納，如果在這過程中感到被同輩排斥或孤立，便會感到很大壓力和不安。

但是，並不是所有青少年都會這樣虛張聲勢，爭取獨立。

有一些會傾向逃避，在情緒和生活上依附父母。在心理學上，這種「永遠長不大的孩子」表現，稱為「持續終身的青春期」。

長輩與同輩

青少年隨着學習能力增長，社會經驗增多，對於事情非黑即白的二元絕對性，已不能全然接受。他們逐漸增強批判能力，不易全盤接受別人加諸他的意見及常規，也使他們觀察到父母的弱點，漸漸對父母感到失望，開始批評父母，甚至「看不起」父母。這種「看不起」的態度，可能只針對某些權威人物；同時，青少年又會傾向在外界尋找類似父母型的權威。一旦找到，會容易聽從指示，滿足內心仍想有人依賴的需要。

從少年期到青春期，另一心理課題是建立自我的認識，心理性別是其中重要的一環。當第二性徵出現，社會和周遭的人期待他們表現符合自己的性別。這時候，青少年對異性或「性」的興趣大增。他們渴求表現自己的性別角色，又十分關心別人眼中怎樣看自己。青年期展開的「性與性別認同」，驅使他們學習與同輩結伴或親近，有些更會交往成為親密朋友。在這階段，青年人如何與同輩建立親密的感覺，與朋友保持親密關係是重要的。假若他們未能從關係中得到認同，容易感到孤單。

認同的心理需要

認同感在人的個體化歷程中非常關鍵。個體化意指個人從自己的家庭系統區分出來，建立一個以個人經驗為基礎的認同。由於自小受中國文化的家庭觀念影響，本地青年人在心理上要脱離父母，可能不是一種主流的價值觀。所以，這並非要擺脱與父母的聯繫，而是調整與父母的關係，發展個人的道德和價值觀。這時青年人需要良好的角色楷模，在尋找認同中，選擇正確的生活信念和價值觀。

事實上，我們的童年經驗直接影響自我概念的建立。如果我們在這階段未能發展出明確的認同感，還要經驗到焦慮、沮喪和疏離的關係，將影響我們在成人期的適應能力和生活態度。青年期是一個人成為「我是怎樣的人」的關鍵時期，建立自我概念，發展完整人格，才能順利進入成人期。

2. 心性發展

心性發展的學説由精神分析學家弗洛伊德（Sigmund Freud）提出，他在診斷神經症病人的心理疾患時，發現病人在幼兒時的經驗和早期的發展歷程影響病人日後的成長。弗洛伊德使用生理器官的名詞，象徵地解説人不同階段的發展，他的發展學説描述了個體的生物本能、生理和心理的演變歷程，説明自我心理成熟的過程。

嬰兒期

讓我們先從嬰兒（零至兩歲）的心理和行為發展談起。當初生嬰兒的生物本能和生理需要獲得滿足時，他們自會得到安全感。這些生理需要包括肚子餓了想吃奶、吃飽疲倦了想入睡，身體不舒服了會哭，被父母或照顧者抱着得到安慰等，這些慾望的滿足，主要經口腔的吸、吃和喝而獲得，也經皮膚的觸、摸和抱而獲得。弗洛伊德稱這是心性發展的第一階段，象徵性稱之為口慾期（Oral stage）。

在口慾期，你與我的界限尚未形成，稱為自我界限（Ego Boundary）。嬰兒與父母或照顧者的關係像混合一體，若心理上認為媽媽不愉快，自己也不愉快。在嬰兒的心理活動中，只有自己，亦稱為「自愛」（narcissistic）的階段。當嬰兒遇到挫折時，他們常呈現否定現實和歪曲的自我防衛來保護自己的心理狀況，也簡稱為「自愛性心理自衛機制」（Narcissistic defense mechanism）。

幼兒期

當孩子大約二至三歲時，隨着運動機能的發展，學懂行走，喜歡四處走動，開始學習自主制肌肉及身體，心理上也學習如何控制自己的生理機能和生物本能。幼兒因着學習自主控制大小便排泄機能，亦被象徵性稱為肛門期（Anal stage）。這階段的幼兒要學習滿足生物本能和生理需要，適應外界環境的要求和規律，並接受現實世界的約束。

從心理結構來說，幼兒與嬰兒最明顯的發展轉變是自我意識漸漸建立。嬰兒被抱着照鏡時，他對鏡子中的「我」沒有反應，並不知道這是他的影像；但幼兒走到鏡面前，看見鏡中的影像就知道這是「我」。由於經常與外界接觸，「我」與「你」的區別和存在關係能明顯地辨別出來，即是「自我界限」的發展形成。因自我意識日漸強，相對嬰兒時的自愛階段，開始感到他人（多數指父母或照顧者）的壓力，呈現出「否定」的態度。在這階段，他們否定他人的意志，稱之為「幼兒反抗期」，但與青少年期強調個人意見爭取自主的反抗期不同。由於自我控制的能力仍未成熟，他們遇到困難和心理壓力時，慣常以「行動化作用」(Acting Out)，直接以行動表達慾望，不會自我控制。一旦他們無法應對心理困擾，會呈現「退行現象」，傾向使用較原始幼稚的方法應付困難，冀望獲取他人的同情和照顧。

兒童期

兒童在四至五歲左右，社交生活範圍擴大，開始了所謂的社會活動。這階段的知覺發展，使孩子能明顯地懂得區分男女兩性的差別。同時，「自我界限」確立，明顯區分「我」、「你」和「他」。從家庭中，孩子明顯能分別父母親的形象，會從父母的外表形態、衣着打扮上分辨，也能看出性別差異。除了表達對父母喜愛之外，孩童隱藏對父母的特殊情感，開始呈現情感生活裏「三角關係」的雛型。

父母子的三角衝突關係描述源自希臘神話故事裏的《伊底帕斯王》(*Odeipus the King*)。底比斯國王曾得神諭警告，他將出生的兒子伊底帕斯日後會把他殺死，並娶了王后為妻，於是國王把伊底帕斯丟棄荒野。當伊底帕斯長大後，回到出生地底比斯，果真把國王（他父親）殺了，並在不知情下，娶了國王的妻子（他母親）。後來，他知道自己弒父娶母後，便自殺了。

弗洛伊德在《夢的解析》（*The Interpretation of Dreams*）一書中解說，「伊底帕斯情結」（Oedipus Complex）出現在三至五歲的兒童身上，意指兒童與同性雙親認同，並抑制其本能的發展階段，這時對異性開始感興趣，也造成男性認同與女性認同的差異。

根據弗洛伊德的描述，在心理發展上，男女兩性都經歷「伊底帕斯」階段。男孩害怕被父親發現而有閹割的焦慮，轉而認同父親的父權，逐漸摒棄對母親的戀慾；女孩認知母親跟自己在生理構造上的缺陷，驅使她想有父親的陰莖，女孩唯有透過「生兒育女的慾望」解決「擁有陰莖的慾望」（Penis envy）。弗洛伊德的心性發展提出人生必經「殺父戀母情結」或「殺母戀父情結」（Electra complex）這道考驗，男童與女童才能被催化及萌芽趨向渴求異性關係。這階段象徵性稱為「性蕾期」（Phallic stage），Phallic 的拉丁文原指小孩的生殖器。當兒童進入「性蕾期」，男孩逐漸模仿父親，女孩模仿母親，這時通過向同性父母的「仿同作用」（Identification），學習如何成為成年的男人或女人。與此同時，孩童的是非觀念漸趨明確，對事情的好壞、對現實與幻想的區分也漸漸清晰。當他們遇到挫折或不被外界接受又無法表達的慾望時，會呈現心理防衛機制，以「幻想作用」（Fantasy）來滿足現實中不被接納的慾望。事實上，他們正經歷和學習如何成為一個成年的男人或女人，弗洛伊德稱為是進入「潛伏期」（Latent stage）。

少年期

「潛伏期」指的是六至十一歲的小學階段，也是邁向青春發育前的階段。這時孩童對異性的興趣不太顯注，透過家庭教育，慢慢學習自己的性別角色，也透過社教化的過程，學習符合自己性別的行為和期望。

青春期

隨着生理發育，青春期的少年人對異性感興趣，也邁向成人性生活前奏。青少年的性慾渴望以性器官表現和滿足。這階段的少年開始具備生殖能力，所以此階段稱為「生殖期」

(Genital stage)。他們開始承認和學習接受自己的性慾，並認識自己擁有的性情緒，也要決定怎樣表現和反應。因此青少年要學習即使有性慾望，卻不一定要選擇性行為，並必須立定自己的道德規範，做負責任的選擇，這種學習也確立青少年可以成為怎樣的一個人。

性是生而為人的重要部分，應視為與情緒、價值觀和關係的重要發展。在生殖期的青少年發展的性觀點、態度和行為，對成年日後與異性的愛、親密關係的建立和婚姻生活十分重要。然而，有關性的學習，包括對自己的身體或性愛的認識，未必能從家庭教育中得到適當的指導。如果他們是從網絡、傳媒或朋友間間接得到性知識，很可能成為負面的性教育。這些訊息不少已經扭曲，令人產生對性的不實在和不健康的態度，導致個人對性情緒和行為出現恐懼和罪惡感。

階段	年齡	發展特徵
口慾期	出生至兩歲	• 經口腔的吸、吃和喝而獲得，也經皮膚的觸、摸和抱而獲得慾望的滿足
肛門期	二至三歲	• 學習滿足生物本能和生理需要，也接受現實世界的約束 •「自我界限」的發展形成
性蕾期	四至五歲	• 從同性雙親身上，學習如何成為成年的男人或女人 • 是非觀念漸趨明確
潛伏期	六至十一歲（少年期）	• 學習自己的性別角色
生殖期	青春期以後	• 承認和學習接受自己的性慾 • 認識自己的性情緒

圖 1：弗洛伊德心性發展簡表

3. 認知發展

認知是心理學名詞，指個人自出生至青春期前後，如何通過知覺器官來接觸和認識外界，從而了解和思索外在世界和事物。皮亞傑（Jean Piaget）的認知心理學説包含兩個基本假設、首先，假設兒童是主動追求與環境的交互作用，而非被動地接受環境的刺激。例如，嬰兒出生後一至四個月，會藉由主動的看、聽、觸摸或吮吸探索外界，這些行為對他的認知行為發展相當重要。第二，人對外界的認知具普遍性，兒童的行為由生理狀況與環境交互作用所決定。交互作用論指出遺傳因素與後天環境存在某種程度的關係，而且彼此影響。兒童的主動探索促進自己的智力發展，塑造個人的邏輯思考，塑造個人經驗，這是「了解是發明」(To understand is to invent）的觀點。

認知發展的歷程是漸進及連續的，亦是結構組織與再組織的過程，而每一個新的組織會包含前一個組織的內容。

嬰兒的認知發展

認知發展的歷程分為四期。首階段是感覺動作期(Sensory Motor Period），嬰兒藉感覺和動作，了解外界，如親眼看到、聽到或摸到的事物才能知道其存在。新生嬰兒的行為完全是天賦，具有反射及固定的特性，不須經過學習經驗而來，而是出自遺傳的本能。但是，物體概念不是天賦的，嬰兒出生時，除了反射行為之外，並未覺察任何物體的存在。他們未能將自己與環境作出區分，當大人給他物體時，嬰兒只限於吮吸、抓握或注視等反射反應。

嬰兒在一至四個月期間，視覺與聽覺開始協調，故能把視覺投向聲音的出處，看看自己聽到什麼；在四至八個月間，嬰兒會發展物體恆存的概念，開始分辨自己與物體的運動。在物體移動時，他們會留意物體移動的位置，就物體預期的降落位置，前往尋找。

八個月至一歲大的嬰兒已知道物體形狀與大小的恆常性，並與協調知覺控制的運動連結在一起。他們懂得尋找不見了的東西，即使看不見那物件，嬰兒也能察覺物體的存在。在一歲至歲半期間，他們能追蹤連續性轉移位置的物件，以及發展出解決問題的能力。不過，對於未看到的物件位置，他仍未懂得辨認。

兒童的認知發展

從一歲半到七歲左右就會進入「運思前期」

（Preoperational stage），幼兒透過對他人、物件和事情的直接觀察和個人經驗了解具體事物，不過象徵性的抽象觀念還未發展起來。

運思前期與感覺動作期最明顯的差異在於，幼兒開始使用符號代表環境，而不像感覺動作期局限於對環境的直接互動。「運思」指人腦運作的心智和組織，包含內在化、可逆（一種行動，它能返回起點，並能與其他具有可逆性特質的行動整合）、可協調的完整體系的行動，有助人獲得知識。而具體表現，包括將物件分類或將事物排序，以及計算和測量。運思的組織作用很重要，讓兒童具備「可逆性規則」（Reversibility rules），即逆轉（當從某點出發，也可循相反方向，回到原點。任何運思，總具有可逆的性質）；或相逆的可逆性（Reversibility by inversion or negation），兒童推開眼前的物件，可把一件物體加入另一組物體中，再取出。就是循相反方向作相同的運思，至於「相互的可逆性或補償」（Reciprocity reversibility or compensation），人的心智運用會將邏輯的逆轉（Inversion）與相互性（Reciprocity）運思統合，這種統合能藉由不同的運思，產生與原來的運思不同的結果，例如：一個向度（如高度）改變，便從另一個向度（可能是長度或闊度）改變以獲得補償（即相互性）的結果。

內在化的心智行為

運思的發展是一種內在化的心智表現。最初兒童有執行某種行為的能力，但透過不斷學習，讓這些執行的行為形成穩定的行動基模，運思不能獨立存在，而是組成有組織的統合系統，是一種「整體結構」。一種運思乃是行動的心智作用，遵循相互性及相逆性的邏輯組織規則運作，同時與其他運思組成整體結構的統合系統。運思前期的兒童無法運用邏輯規則，在思考過程中缺乏彈性，無法尋找出事物的共同特性，將之轉變為新資訊或知識。

七歲到十一歲的兒童，已可憑具體的説明、解釋及舉例來獲取知識，再不用憑知覺和觀察認知，這階段稱具體運思期（Concrete operational stage）。兒童能應用邏輯思考解決具體問題，但對於語言的抽象觀念及假設仍不易掌握理解。具體運思可分為邏輯算術運思（Logical-arithmetic operation）和空間思維（Spatial operations）兩部分。

邏輯算術運思是處理物體間的關係，如種類或分類、大小排列次序等，還有對物體如何變化，如非數量增加或減少及物體的長度或寬度改變等，能認定系統的若干特性（如物體數量）是維持不變。至於空間運思的發展，兒童開始掌握透視及投影的空間，能協調不同觀點，亦從長度、距離等發展出測量的概念。

青少年的認知發展

踏進青春期的十二至二十歲青少年，已懂得運用試驗、假說、推論，從資料中探究因果關係，稱為形式運思期（Formal operational period）。他們的思考能力具有彈性，並能從情境想像各種可能性。他們能以證據及正確的情境為前提，經過演繹歷程，終而獲得結論，這是推理的能力。經驗不是主要的探索對象，反而他們會運用智力，遵循科學式的推理模式，尋求解決問題的方法。可是，青少年的思考方式是提出心中建構的理想，如理想的父母、理想的愛情、理想的民主等，並會把個人建構的理想，與真實作出比較，導致經常發現現實不合乎理想，感到不滿和困擾。

這種理想主義源於他們認為自己可以改變未來，應扮演改革的角色。青少年的自我中心觀，使他們覺得自己是特別的，不容易接受常規的束縛，又會以為每個人總是注視他、批評他，勢必引起別人的注目。這種思考模式其實是可以改善的。認知發展學説是以整體結構概念解釋各發展階段的行為模式，強調每個階段的連續次序不變，各階段的整體結構不可替換，特別在智力發展方面。所以，只要讓青少年從事有效而能訓練耐力的實際工作，並透過真實經驗拉近理想與現實的差距，青少年就能改善上文提到的過分理想主義及自我中心。

階段	年齡	發展特徵
感覺動作期	出生至一歲半	• 藉感覺和動作了解外界 • 漸漸開始分辨自己與物體的運動
運思前期	一歲半到七歲	• 直接觀察和個人經驗了解具體事物 • 抽象觀念還未發展起來 • 使用符號代表環境
具體運思期	七歲到十一歲	• 能應用邏輯思考解決具體問題 • 對語言的抽象觀念及假設仍不易理解
形式運思期	十二至二十歲	• 運用智力，遵循科學式的推理模式，尋求解決問題的方法 • 發現現實不合乎理想，感到不滿和困擾

圖 2：皮亞傑認知發展簡表

4. 心理社會發展

心理社會發展的概念，關注在社會環境裏產生的個人心理課題。艾瑞克森（Erik Erikson）（1963 & 1982）提出，個體的人生途徑及心理路徑遵循相若的發展階段，即使不同社會和民族各自有不同的生活方式，目的同樣是適應社會的生活。心理發展學者描述了人由嬰兒到老年不同階段的發展概念，這些理論提供一份地圖，讓我們理解生命成長的基礎模式。當我們嘗試從系統的觀點看個人生命成長的各個階段，就發現各人即使處於同一發展階段，也可存在極大差異；皆因每個人的原生家庭、社經背景、性別、種族、宗教及社會文化各不相同。

艾瑞克森的發展理論

艾瑞克森的發展理論以弗洛伊德的人格理論為基礎，把整個人生劃為八個階段，強調心理社會因素的發展和每一階段有待解決的成長危機。他以健康和成長為重點的論述，自我的產生建基於社會與文化環境的互動，自我逐漸發展是個人與外界平衡後的結果，他的關注包括生理、心理和社會三個層面的統合發展。本章只詳述由嬰兒期至成年前期的論說觀點，為讀者提供一個對特殊教育需要子女成長有意義的架構。

嬰兒期

從出生至兩歲，嬰兒透過母親的餵養保育，建立基本的信賴感及感受到被關愛。發展心理學者認為嬰兒出生後第一年，人生的課題是發展對自己、他人和環境的信任感。嬰兒期的被愛感覺是對抗恐懼和不安全感，亦是建立情緒智力的起點。這種對人信賴的感覺，有助他日後保持對他人、環境和社會的信任。如嬰兒得不到良好的照顧、喜愛和保護，被遺棄、挨餓、感受到不舒服的挫折感，讓嬰兒缺乏了基本安全感，將與他人的互動關係產生懷疑和戒心，使他在童年後期出現的恐懼、缺乏安全感或孤立的傾向，表現出嫉妒、攻擊和敵意的行為，導致自我與他人的疏離，種下他日不信賴外在世界和他人的心理狀況。

幼童期

孩童在二至六歲間，開始發展情緒能力，學習調適個人的衝動和攻擊行為和反應，逐漸了解個人與他人的相互依賴性。此時的小孩意識自己逐漸萌發的能力，模仿別人，更主動探索，並試圖尋找個人能力的範圍和極限，從而體驗及建立一種勝任能力和進取感。如果父母對小孩的個體意識過多壓抑，小孩感受到不合理的限制或繼續依賴，將會懷疑自己的能力，退縮不前，不願作出主動的嘗試，甚至感到一種罪惡感。

與此同時，學前兒童對自己的生殖器感興趣，對兩性性器官的差異好奇，也感受到刺激生殖器帶來的快感。孩子如何建立自身性別的認知，也影響他們對性所持的態度。當然父母毋須過度規範和定下不合乎實際的道德標準，免得使孩子對自己的身體或性的衝動感到罪惡或邪惡。

孩子也具備各種情緒。感受被愛時，知道自己的情緒被接納，他們能學習接受自己的各種情緒；當憤怒或負面情緒不被容忍和允許時，則會抑壓自己的情緒滿足父母的期望，以免感到失去父母的愛。這阻礙孩子承認自己的情緒需要，假裝沒有這回事，逐漸對自己的真實情緒需要變得麻木，負面情緒和憤怒充塞於內。

從我們接觸的兒童和青少年個案，特別是具特殊教育需要的孩子，他們的情緒需要往往很容易被忽視和拒絕。這是源於早年的經驗，內在化的罪惡感、自責和後悔，阻礙他們的心智健康成長。

兒童中期

當進入兒童中期（六至十二歲），孩子通過社交活動，拓展對性別角色、溝通技能、肢體能力、生活文化的知識和理解，逐漸發展出一套價值觀。他們的主要掙扎是勤奮和自卑。

兒童發展勤奮感時，會追求成就表現，從而感到自己的價值。有早期學習困難或遭遇失敗的孩子，會感到自卑，他們的自我概念很脆弱，開始覺得自己價值低下，甚或沒有什麼價值。這種負面及自我批判的感覺又影響與他人的交往。

兒童中期的自我概念發展，相當程度地取決於別人對自己的看法。別人言語或非語言的表達，讓孩子知道自己是個怎樣的人，別人以這樣的方式看待你。

而在後期，兒童已能理解他人的感受，可站在別人的立場或角度，亦會對自己所屬團體的行動和價值產生認同感，促進他們同理心的發展，並懂得尊重別人不同的感受和想法。

青年期

青春期（十一至十四歲）是個矛盾的時期，也是童年到青年期的重要過渡期。這階段的少年人具有強烈的衝動，如前文所述，他們自恃長大，想掙脫父母的限制，誇大個人的獨立性以掩藏自己仍須依賴的需求。所謂反叛的青春期，他們的對抗莫過於尋求發言權及表達自己的獨特性，並以「我想怎樣」的自作主張，爭取個人的獨立權利。

邁進十四到二十歲的青年期，主要是個人認同與角色混亂的衝突。他們不單要學習成人的成熟舉止，同時要面對同儕的競爭和主流價值的認同所帶來的壓力、抉擇考量。青年需要良好模範及生命導師指導他們，學習以更成熟和負責任的方式行事，發展個人道德和價值的認同，讓他們在作出重大抉擇和承諾前，認識自己並期待自己成為什麼樣的人。

階段	發展任務 VS 危機	順利發展	可能遇上問題
嬰兒期	信任 VS 猜疑	• 信任別人，有安全感	• 焦慮不安、無助
幼童期	自主 VS 羞怯疑惑	• 自信地學習	• 處事缺乏自信
學前期	進取 VS 罪疚	• 主動好奇	• 因不能達到別人要求而內疚退縮
兒童期	勤奮 VS 自卑	• 得到讚賞，更加勤力	• 遭遇挫折、自卑
青年期	自我認同 VS 角色混淆	• 明確的自我概念	• 徬徨迷失
成年期	親密 VS 疏離	• 建立親密關係，又能保持自我獨特性	• 人際關係疏離
中年期	傳承創新 VS 停滯	• 對周遭有抱負及關愛	• 對一切漠不關心
晚年期	自我整合 VS 悲觀絕望	• 滿意人生成就	• 悔恨舊事

圖 3：艾瑞克森人生八階簡表

第三章

治療家庭的概念框架

1. 特殊教育需要孩子與環境交互作用模式
2. 特殊教育需要孩子的自我概念與社會理解力
3. 家庭調整和適應反應模式

導言

特殊教育需要孩子與一般孩子一樣，在不同人生發展階段，也有個人成長必須完成的發展任務。

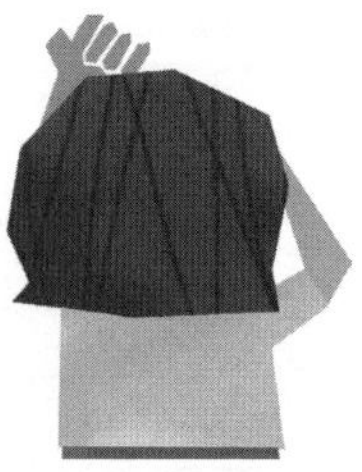

1. 特殊教育需要孩子與環境交互作用模式

交互作用理論強調，發展是人與環境多種因素的互動，特殊教育需要的孩子會因與環境互動，而產生其獨特的心理健康歷程和軌迹。特殊教育需要孩子與他人交往時，他們的特殊狀況，會影響家人；向外界公開孩子的特殊困難後，會影響孩子自己的社交關係。結果這些孩童對自己形成負面認知評價，產生錯誤的應對策略，這不僅影響他們能得到的支援，也會影響他們的家庭狀況，更進一步影響他們的教育環境與認知應對。

當我們走進特殊教育需要孩子的家庭，必須先理解孩子對特殊教育需要的認知、行為反應和在現實環境之間如何互相影響，從鮮明的生態系統考慮兒童的心智發展需要，並思索哪些環境的交互作用，才能促進他們的心理健康發展。

然而，一般探討特殊教育需要孩子的個案時，多數以個人缺陷和先天不足為關注點，很少詳細探索他們在家庭的生活狀況，更忽略家庭成員以及其生活的社交環境，怎樣影響家庭對他們的教養照顧，限制了特殊教育需要孩子的心智成長歷程。

支持孩子，不應只是母親

筆者的臨牀經驗説明，家人對這些孩子的支持大大影響他們精神心理健康的發展。**當他們得到家庭的支持和接納，就能增強自尊感，而行為問題也會隨之減少。**

在香港，特殊需要的孩子多由母親照顧，因此談論「家庭支持」便很容易理解為「母親支持」。作為男性治療者，筆者盡力避免以父權眼光進行臨牀觀察，墮入「只有媽媽好」的錯誤認知，不想把支持和教育孩子的責任單單落在母親身上。

特殊教育需要孩子因着先天缺陷，成長歷程比一般孩子面對更多的考驗和挑戰。他們有時會不可理喻，在公共場合做出不合乎人們期待的行為，父母或照顧者或會感到憤怒、內疚、挫折、無助和無力感，甚至覺得無地自容。每當大人心急指出並試圖糾正孩子的錯誤行為和態度時，孩子又會產生強烈的情緒反應。

事實上，筆者接觸這些家庭，除了父母外，大多的照顧者都是老人家，由公公婆婆或爺爺嫲嫲分擔照顧的工作。他們並不了解孩子的特殊教育心智發展需要，也不知道怎樣處理他們的心理行為問題。

孩子的社交技能

筆者透過結構性或非結構性的遊戲，與他們彼此交流和互動接觸，掌握及了解他們如何回應與環境互動的社會訊息。

我們在家訪和社交活動中發現，特殊教育需要子女在單對單的互動中，表現相當得體，可以處理一些社會訊息以及非語言的溝通，知道自己該說什麼，應該做什麼。即使他們處理社會訊息的速度較緩慢，不一定跟得上對話的節奏，容易出現退縮或沉默，但他們可靠過去類似的社交經驗記憶，表達自己的感受和想法。

不過，他們的朋友不多，很少跟同儕建立緊密關係，甚至在人際關係表現笨拙，不善言詞交談，仍會有不被接納和不受歡迎的感覺。而他們在家中多跟照顧者（多數是母親或祖父母）或年齡較大的成人相處，不自覺地變得依賴。

由此觀之，針對個別案例，如亞氏保加症、自閉症、特殊學習困難、專注力不足 / 過度活躍症孩子，臨牀工作者必須仔細評估和了解他們是否具有與實際年齡相當的社會行為，更要從家庭互動的觀察中，尋找有關孩子的社會互動技能資料，輔助評估他們在不同社會情境中的行為規範、人際交往能力、交談形式和內容、面對羣體壓力的反應等。

虛擬世界的影響

網絡的虛擬社會環境也會對特殊教育需要的孩子產生不少影響。**社交網站及手機羣組是少年人的社交場所，這種隱藏身分的網絡羣組，只透過簡單文字或圖像溝通，對這些孩子來説，可以減低他們面對面的社交尷尬和不被接納的感受。可是，當他們沉迷網絡遊戲或社交羣組，會阻礙現實的社交生活**，與人接觸時顯得焦慮，社交行為日漸變得退縮，最終逃避與他人真實交往。

第四章其中一個個案，案主就是學業成績低落，並呈現抑鬱症狀的十二歲少年。中一的時候，他經常在學校遭受同學言語捉弄和欺凌，無論怎樣瘋狂反擊，抑或哭鬧申訴，都無補於事。雖然他曾嘗試與同學互動，但依然不受同學歡迎。在學時長期被排斥，又不被接納，對他造成嚴重的心理損害；更甚的是，他被欺凌時作出反應，與同學衝突，而受到斥責或懲罰，淪為同學笑柄。難怪他在上學期考試後逃學，退縮在家中沉溺在虛擬世界和互動網路遊戲裏，多個月足不出戶，以致父母焦急無助。

若然只提出改善個人社交技巧，對他的幫助不明顯，還會使他以為受欺凌是他的問題。

2. 特殊教育需要孩子的自我概念與社會理解力

筆者的臨牀觀察及心理支援介入會關注特殊教育需要孩子的獨處學習和面對孤單的焦慮感。

孩童獨處時，不用理會社會互動，更不用理會有沒有理解力的缺失。他們能透過閱讀、瀏覽網絡資訊、玩電子遊戲或看電視節目進行學習，自行掌握基本知識及語言技能，裝備了一些社會訊息及非語言的溝通理解能力。不過，學童回到羣體互動中，又能否表現與年齡相應的社會行為、理解周遭的訊息，能否自發及有彈性地調整與外界的互動方式，還有社交關係的品質及穩定度等，都是我們關注的地方。

我特別關心特殊教育需要孩子的孤單感。**他們的害羞，部分因着缺乏所需要的社交技巧，無法表達自己的情緒和想法，也可能擔心或害怕被拒絕，而有社交退縮的現象。**當我們細心聆聽他們的自我對話，常發現他們對自己的想法負面，對於別人的竊竊私語感到焦慮不安，對於他人的負面反應過於敏感，感到不愉快、焦慮和孤單。

孤單及友誼

友誼是重要的社會經驗。孩童很早便體會自己需要朋友，並透過一起玩耍，學習了解同伴的想法和感受。他們察覺自己的言行和意見可能影響別人的感受和情緒，所以，他們有時會壓抑自己的想法和行動，減少衝突，向朋友表現更多的支持和分享喜好。如果孩童在成長的環境經驗，缺乏良好的社會理解能力，與他人交談時，多數都會遺漏語言或非語言肢體訊息，甚至無法覺察社交線索，難於融入羣體生活，也未能理解社會關係的不成文規則。特殊教育需要孩子較常感到孤獨恐懼，渴求朋輩的認同，然而即使身處羣體卻仍感孤單。**因為他們擔心遭到排斥，在欠缺妥協能力時，只會一味的服從，以為這樣可得到別人接納。**

別人看我，我看自己

在支援和發展特殊教育需要孩子的社會理解力時，我注意他們的自我概念發展。這些孩子在生理與心理的先天發展不足，難以獲得社會環境和文化對他們的接納和認知，容易被社會價值標籤為「能力有限」或「不健全」，影響學童對其自身潛能和價值的理解。

孩童怎樣看自己，跟自我概念息息相關。自我概念泛指個人對自己的認知感覺，以及對自己是怎樣的人的信念，並個人心理影像的信念。自我概念相當程度建基於別人對你的看法，而自我概念發展則透過社會化過程逐漸形成，並由日常生活經驗的累積過程確立。

在小學階段（六至十二歲），孩童透過與同學和老師接觸，以及家庭互動關係，影響對自己的看法。而心理影像影響一個人如何看待自己與他人之間的關係，尤其你期望自己是怎樣、你對個人的價值觀和潛能的看法，甚至是你接受真實自己的程度等。

一般而言，人際關係的社會理解力和互動，包括了自我、他人、情境或事件及物質四個範疇。嬰兒出生後的幾個月，社會經驗的影響不多，但隨着兒童成長，社交需要增加，他們的主觀語言轉變成溝通語言，需要發展與同儕溝通的能力，才能了解自己對事物的看法。過程中，兒童會發現自己的觀點不一定跟他人相同，也體認別人不一定要採取與自己一致的立場。因此，他們在口頭交換意見時，無可避免地涉及辯論，期望人信服他的觀點。這過程有助兒童釐清自己的思路和想法，也為認定自己的正確見解而防衛，從而建立人際關係的社會理解力。這種理解力表現在同理心上，就是站在別人的立場或角度思想、了解他人的想法，並尊重不同人對事情的不同感受。**兒童的社會傳遞與同儕的交互作用，有助兒童了解不同人的觀點都是相對性的，逐漸擺脫自我中心，通過與他人合作和意見交流，建立溝通情感的經驗。**

洞察特殊教育需要孩子的心理自衛機制

從臨牀工作觀察，特殊教育需要學童相對其他孩子在心理上遇到較多的挫折和困難，影響他們自我概念和心理影像的發展。「自我」對兒童的重要性，是他能意識「我」的部分，是自我對現實的感受，也能把自己與別人區分，把幻想與事實區別，可以認識現實也會適應社會環境和現實條件。心理上的防衛是保護自己的心理狀況，以減輕挫折帶來的壓力和情緒上的痛苦。當孩童與青少年有許多不愉快的經驗，不能處理應付時，就會依賴心理上的自衛機制（Defense mechanism）來適應現實與自我的關係。

前文提過嬰兒早期只會愛戀自己，不懂關心他人，對自己與現實的界限尚未形成，較常出現最原始而簡單的「否定」、「歪曲」及「外射」的心理機制，也就是所謂「自戀」心理自衛機制。

現實生活總有困難，兒童表現的「否定作用」（Denial），把已經發生的不愉快事情完全否定，當事情不曾發生，以迴避心理上的痛苦；或是以自己的想法推測別人的想法，甚至推想外界的事實如何。他們以為自己這樣想，別人應該也會這樣想。當外射的心理現象被用作為防衛機制時，就會將自己不能接受的態度、感覺和想法投射到別人身上。當然，某些情況下，他們無視外界環境，把一些自己在外在環境所看到、聽到的事情加以曲解變化，即所謂「歪曲作用」（Distortion），以達致滿足內心需要，保護個人受挫折的自我。

隨着身體發育和心智成長，孩童與青少年應對事情和環境的方式明顯改變。少年人學懂什麼行為是社會可接受的，怎樣的反應才算適合。同時，在社教化過程中，他們學習或模仿父母及重要他人的言行、思想，日漸建立自己的人格。他們通常廣泛地把外界的東西，毫無選擇地吸收，稱之為「內射作用」（Introjection）。內射現象是人格發展未成熟的心理活動，父母的權威對其影響較大。雖然如此，他們又懂得選擇吸收及模仿自己愛慕的重要他人的思想、情感和行為，稱為「仿同作用」。雖然少年人會內射父母或重要他人的行為，但他們有時又會抗拒，即一方面對大人某些情緒行為反感，卻不自覺地被吸引和模仿，以應對困難和外界環境，形成內心的矛盾和痛苦，被稱為「反感性的仿同作用」（Hostile identification）。

他們「不成熟」的心理自衛機制，可能源於挫折和被拒絕。特殊教育需要孩子會使用較原始而幼稚的方法應付困難，而放棄學習較成熟和有效的新方法，傾向迴避問題，卻又想獲取父母或他人的照顧和同情。他們較常出現的是退行現象（Regression），也會以頭痛、肚痛、身體不適或賴牀等方式表達，以求獲得父母或照顧者的呵護，恢復幼兒時的依賴和特別保護。舉例説，孩子在家中溫習，媽媽叫他把課堂學的東西述説一遍，他説不出來，會突然大發脾氣，賴在地上哭叫亂喊，而不用較成熟和合理的方法，譬如重新溫習。

還有一種常見的心理自衛機制，名為補償作用（Compensation）。特殊教育需要孩子因生理或心理的缺陷而感到困擾，會嘗試用不同方法彌補，企圖證明自己的能力。**如果心理補償作用應用恰當，孩童能發揮所長，表現個人的獨特性，產生良好的效果。這有賴父母和師長從旁指導，減低他們對個人先天缺陷的錯誤認知，不要曲解自己的潛能，過度補償自尊感受或不良的自我感覺，否則他們只會感受到不必要的內心衝突和壓力。**

轉化特殊教育需要孩子「自我挫敗」的社會訊息

每個人對自己的想法，以至如何理解個人的境遇，都會影響他如何評價自己，以及處理壓力時的應對能力。故此，我很重視處理、轉化特殊教育需要孩子「自我挫敗」的想法和社會訊息。特殊教育需要孩子因着生理或心理的先天缺損，有礙他們的應對能力。對於廣泛性發育障礙及溝通障礙的孩子來説，他們的説話聽起來不太自然，而這種對話技巧、語言音調及談話流暢度，有損別人與他們對談的興趣。當我們仔細診斷了解，發現他們可能聽過説過一些複雜的句子，但不一定能理解這些句子的意義或隱含的訊息。他們擔憂自己出錯，在對話時突然停頓思考，説話斷斷續續，好像在沉思中短暫喪失對話能力，弄得對方不明所以，甚至感到困惑，也會不耐煩地打斷他們的説話。

此外，他們多數時候獨處，容易感到焦慮，慢慢以自我對話或自言自語的方式安撫自己。如果他們的自我對話常帶來挫折和自我批評，容易產生罪惡感，而這些內在化的訊息也會帶來壓力，要改變是相當困難的。

由於弱智、廣泛性發育障礙、溝通障礙及注意力缺陷、過度活躍症等症狀會使孩子缺乏良好的社會思考，有的連基本社交常規也不懂，以致他們難於從不同角度看待事情，但是社交技巧可以透過學習得來。事實上，普通人也不見得一定善於人際交往；相反，只要具備同理心，學會了解別人的感受，這都是可行和重要的社交技巧。

當然，我們要以具體的方式向這類孩子説明，怎樣處理社會交往的期望和規範，也要避免抽象化的情緒和社會關係概念。不過，教導他們掌控自己與他人的情感流動，以及情緒的複雜性，都不是容易的事。畢竟他們不容易了解別人的想法和感受，需要花較長時間進行相關社交線索的認知訊息處理，頗費照顧者的心思，而過程中孩子也可能感到困惑。假若他們的成功社交經驗很少，又曾受到別人的取笑侮辱，可導致低自尊，也有憤怒情緒。久而久之，這種心理耗損現象，阻礙他們的情緒理解和表達能力發展。

當我與這些孩子伴行成長時，力圖打破這種惡性循環，減低他們經常處於社交焦慮的壓力狀態。當人慣常感到焦慮，自會影響思考力。當焦慮持續過長、程度過大時，他們的思考和問題解決能力也會變得僵化，隨之減弱現實感，對身處情境變得敏感，身心不自覺地處於繃緊狀態，影響他們的生活功能和品質。

家庭的正面功能

無論哪類孩子，從年幼開始建立良好及健康的自我價值十分重要。兒童及青少年重視親人怎樣看待他們，透過社教化過程，奠基於實際的成就經驗，並從具體情境中作適切的鼓勵肯定和欣賞讚美，這樣從外而內，讓孩子建立對個人能力的正面評價。過往研究顯示健康的自我價值啟發兒童和青少年對個人能力、自信及主動性，而高自尊有效預防抑鬱，加強自我的防禦系統。

有時家長會關心如何教導特殊教育需要的孩子守規矩，免得情緒失控時帶來麻煩。從臨牀介入，我發現特這類孩子的健康心理狀態，與父母及照顧者怎樣建立孩子的社會覺察能力相關。只要照顧者以身作則，在日常生活細節裏表現怎樣設身處地為別人的需要和感受着想，孩童從真實的生活例子中，就能體會怎樣了解別人和自己的不同。**只要照顧者重視在家庭為孩子累積成功經驗，給予即時及適度的肯定言詞和讚賞；每一天為孩子增添小亮點，肯定每一次小努力，就能培養他們對自己的信心，繼而在日常生活裏養成正面心理素質和自我實現的推動力。**

在家庭探訪過程中，我發現有些家長藉信仰，幫助孩子學習正向思維和生活態度，以具體的直接經驗參與，示範對別人付出關懷和支持，引領孩子積極參與助人自助的羣體活動，教導他們慈愛及品德言行。這比孩子犯錯時以説教式指責，或傳授艱深難懂的人際關係概念有效得多。

我鼓勵家長直接教導孩子，一些社會情境的訊息和思考方式。受過高等教育的父母習慣運用邏輯思維及抽象概念解説自己看見的事物和現象，不自覺地期待孩子領會他們所説的複雜概念。可是，多數特殊教育需要孩子的思考方式是直接而具體，對這種方式無法領會。

事實上，人的社會行為和反應，往往因人和情境而異，關乎社會範圍和品德行為的抽象概念並不管用。最理想的情況是，孩子學習父母待人接物的生活態度、認識父母具體的生活經驗和實際事例，當他們要應對現實情境的突發事情時，父母能給予指導，以合宜的行動回應，才能增加孩子的能力和思考彈性。

3. 家庭調整和適應反應模式

本章以家庭系統概念框架，提供理論基礎，呈現家庭如何應對和適應特殊教育需要孩子的發展，這是一個家庭需求（Demands）與回應需求的家庭能量（Capacities）相互調整達致平衡的狀態。參考家庭調整和適應反應模式（The Family Adjustment & Adaptation Response）（Patterson, 1988 &1989），筆者運用以下四個概念：

1. 家庭事件（Family events）
2. 家庭應對（Family coping）
3. 家庭資源（Family resource）
4. 家庭意義（Family meaning）

解説怎樣協助家庭面對特殊教育需要孩子的發展障礙，以「家庭應激」事件（Family stressful events）探索他們要不走向危機，要不邁向適應的歷程。

不同家庭研究學者試圖從系統背景理解個人及家庭表徵問題，就是從社會文化以及家庭成員對家庭系統的影響。由於特殊教育需要孩子的主要照顧者多數是女性，筆者尤其重視媽媽或祖母，在擔當唯一照顧者時所面臨的孤立和掙扎。

社會普遍認為男主外，為賺錢養家餬口；女子就應留在家相夫教子，所以照顧孩子就是女性天經地義的責任，尤其社會對「母職」（Motherhood）的概念，不自覺認定「母親應承擔照顧家庭及保護子女的全部責任」，卻忽略家庭內部性別角色和權力關係，對特殊教育需要孩子成長發展的影響。我們不是説母親受到丈夫或家中男性成員的過高期望或壓迫，只是每當我們走進家庭時，就能深深感家庭成員對母親理應照顧他人的倫理觀念，常使母親及祖母得不到應有的體諒和照顧。

與家庭同行，筆者先放下自己所謂「家庭系統理論」派別，因為不同學説、不同版本的家庭系統理論，都試圖將個人行為放在家庭關係及家庭成員間的互動模式，故此我們要小心處理這種直線因果邏輯推論，會錯把個人心理問題的責任歸因於當事人。參照家庭研究學者的想法，筆者抱持以下幾個重要思想：了解家庭成員之間的不同思想、情感和行動，相信家庭是生命有機體，當下每刻呈現的都是動態歷程。

家庭內部是依據性別和家庭功能劃分成不同的子系統，這些子系統由多個家庭成員及其相互關係組成的。例如:「爸爸、媽媽、孩子」、「祖母、媽媽、孩子」、「爸爸、兒子、女兒」等。隨着各自家庭的規則，將家庭成員及多個子系統聯繫起來，並以循環因果的方式，彼此影響。家庭與外界、家庭裏各個子系統之間，甚至是家庭成員之間會形成不同的界線，這是一種心理屏障，作用是保護家庭及家人的完整性和功能，亦構成家庭關係的過程。

當然，家庭同時是社會的成員，置身於社區、經濟、政治和文化的大系統內。無論家庭哪個子系統、或是家庭與大系統之間都會以循環因果方式，不斷地進行訊息、物質和能量交換的動態。然而，並非每一個家庭成員對於家中所發生的事情，都能具有自我決定、實現目標的資源和能力。

筆者留意家庭反復出現的互動模式，尤其是家外系統及偶發事件帶出的獨特意義，這些都有助我們了解家庭互動的過程。對於特殊教育需要孩子，以至求助的家庭，這個臨牀工作都十分重要。**有時家庭想尋求改變，偶爾又會抵拒改變，不過到底家庭也具備自身復原能力，以多種方式實現特定的目標。**

教養特殊教育需要孩子的困難

多年來，陪同特殊教育需要孩子成長，見證受助家庭不是知識論說所描述的客觀實體。他們的社會階層及文化，深深影響他們對子女的理解。面對教養困難，家庭為處理子女的特殊需要付出努力，但也增加家庭的需要和壓力，干擾及影響家庭正常的功能（Family functioning）。當然，我們也曾遇見資源豐富的家庭，能以充足資源應付及回應子女的特殊教育需要，亦能維持良好的家庭功能，促進子女的身心健康。不過，即使如此，日積月累的壓力和負擔，將伴隨着子女進入少年及青春期，整個家庭更顯得混亂、失序，造成孩子的成長危機。

我們所言及的家庭適應，意指家庭成員與家庭之間的需求平衡；家庭是一個社會系統，也要在家庭與社會之間找到平衡。當我們協助家庭時，任何層面的改變都會影響其他層面；**而面對改變時，家庭資源不單是家庭擁有的物質條件，更包括家庭成員的個人心理、人際及社會資源，尤其是主要照顧者調整和適應的歷程，在應對特殊教育需要孩子的心智發展過程中，必須發掘和增加新的資源。**

我們所遇見的每一個家庭都努力消除孩子特殊教育需要的障礙所帶來的壓力和困難。縱然家庭應對策略不同，目標仍是為子女健康成長，尋求所需資源的可行方法。儘管社會普遍對特殊教育需要孩子的發展障礙多了認識，但並非所有人，包括家庭不同成員都能獲取社會人士的接納和認同。每當走進家庭時，我關心家庭如何看待這些處境及言談間透露的想法，即家庭意義。這些內容所呈現的觀點看法，和成員話語中所透露的家庭內部差異，有助我們具體了解家庭對特殊教育需要孩子的不同想法、感受和應對的過程，從而為每個家庭設計適切的介入方案。

貼近家庭現實生活

我曾多次在當事人家中進行心理支援服務，進入他們的自然生活情境中，經常與孩童一起，見證家庭和孩子成長的進度，收集案主及其家庭關係層面的真實資料。我在探訪前後與他們定期保持聯絡，以電郵、電話及手機通訊，了解他們的家庭和學校生活狀況，以獲取更豐富及全面的資料。我不敢説資料是按照嚴謹的社會建構主義研究方式獲取，但本書所呈現的個案故事，不是我們扭曲的認知、偏見想像和先入為主的念頭杜撰出來。事實上，與孩子走成長路途時，充滿個人情感，我不想迴避及掩飾，期望放下專家口吻，着意描述家庭故事同時仔細鋪陳背景及還原特殊教育需要學童的生活狀況，留給讀者更大空間，**邀請你們共同挑戰社會存在習非成是的偏見，重新理解這些孩子及其家庭。**

第四章

聆聽家庭的故事

1. 陳家的故事：我的孩子不再有學習障礙
2. 黃家的故事：我的孩子不自閉
3. 李家的故事：我的女兒難專心
4. 張家的故事：我的獨子抑鬱了
5. 李家的故事：我成長的快樂歲月

導言

讓我開始帶領讀者走進五位孩子及其家庭的成長故事，開始述説這個深入理解的旅程。感謝大家與我們同行！

1. 陳家的故事：我的孩子不再有學習障礙

「我家的孩子只是學得慢，記憶力較弱，又不是學不到，我不想他被標籤為學習障礙學童。」

仲榮，獨生子，就讀五年級上學期時經母親聯絡，尋求筆者協助輔導。

仲榮生長在「假單親家庭」，媽媽說他的爸爸一直在外地工作，但我們沒法直接聯絡他。媽媽堅持要經她聯繫，才可把我們的訊息轉告爸爸。這一年多，與仲榮接觸同行，他曾說自己多年沒有見過爸爸，只在節日收到他從遠方的來電，而且閒談幾句就收線。

從小學一年級開始，媽媽發現仲榮對語文學習感到很大壓力，追不上學習進度，花很多時間和氣力才能協助他完成功課，其中最困難的是中文作業。

不要用症狀標籤我的孩子

媽媽是家庭主婦和兼職自僱人士，沒有太多時間教導仲榮，也沒有時間陪伴兒子做功課。她是典型的權威型家長，掌管家庭生活每一細節，對兒子的管教要求頗高，每當仲榮「不服從」或「功課成績不好」，就失去耐性。兒子總說，見慣媽媽發脾氣責怪他的模樣。

於是，媽媽為仲榮聘請補習老師，協助他完成功課，追上學習進度，但他比別人多花很多時間才能完成。而且，他的成績一直沒有好轉。小學二年級，老師留意仲榮有閱讀困難，要花很大氣力才可正確讀出字詞，也無法掌握文章重點，結果他的閱讀理解成績很差。

仲榮覺得閱讀中文特別困難，也不太理解，因為中文文字是以圖像為主的義符系統；相反，學習英語，使用字母書寫系統則容易得多。他每天花很多時間坐在書桌前，認中文字、讀出正確字音，繼而學懂字詞的意思，可是這件是乏味困擾的事；要將訊息整合，存放在腦袋內的工作記憶，更是非常困難。媽媽教他讀了多遍，他都未能了解文章內容，更別説掌握每篇文章的中心思想。可幸的是，仲榮沒有其他身體上的障礙。

即或如此，媽媽拒絕帶兒子做醫學臨牀評估，覺得他只是學得慢，記憶力較弱，不想他被標籤為學習障礙學童。她認為這些社會標籤影響兒子的學習能力，怕他知道自己患了什麼病症時，更有藉口放棄學習。所以，她説知道仲榮是怎樣的孩子，不須用症狀術語定義兒子，擔心兒子的學習困難變成自我驗證的預言。

由於父母認定他只要將勤補拙，花多點時間學習就可。他們沒有期望他名列前茅，只期望他愉快學習。

何謂學習障礙

學習障礙是一個統稱，泛指一種或多種基本心理歷程異常，是讀、寫、聽、説，思考或演算能力上的缺陷。學習障礙種類涉及知覺障礙、閱讀障礙、輕微腦功能失調和發展性失語症等。學習障礙的孩子在以下七種能力，包括基本閱讀能力、閱讀理解能力、口語表達能力、書寫表達能力、聽覺理解能力、演算、數學推理能力等，與正常孩子差距大；但是，不包括那些因視覺、聽覺或是動作障礙、智能障礙、情緒障礙，甚至因環境、文化及經濟困難所導致的學習困難。

學習障礙源於腦部某個特定功能出了問題。大腦結構研究指出，讀寫障礙人士的腦袋，結構明顯不尋常，而且神經細胞的位置錯誤。所有神經元是由大腦發育時生產，在腦部某個適當位置擔當特定功能。神經元接合擴散的改變過程，是幼兒大腦早期皮質異位的結果。當神經元移動至腦的外層部分，聚積形成皮質神經元。神經元的移動和網絡建立，先在腦的最深層形成後，漸漸轉移至較表面的腦皮層，形成結構柱狀後，建立複雜和結構性神經網絡。如果神經元的電子訊息流動跳躍過程中，受不規則的神經元連結，神經元便無法移到應到的地方，形成腦部錯誤網路。

顳平面與語言和閱讀有關，而左邊顳平面的長度和語言表現成正比，即是左邊顳平面較長的人，語言表現相對較好。細看讀寫障礙人士的腦部構造時，顳平面出現不尋常的對稱，左邊顳平面小於一般人的左邊顳平面。讀寫障礙者的右邊顳平面的長度和語言表現卻成反比。除了顳平面不尋常的對稱外，讀寫障礙者的腦部有明顯數量的斑痕，而腦部組織神經元顯得較小，尤其丘腦神經元發育不完全，與讀寫障礙者的視覺和聽覺系統不正常有關。

參照有關讀寫障礙神經生物學的研究發現，依據各種閱讀活動的腦電圖（Electroencephalogram, EEG），當中會出現許多不同的峰，而這些峰的平均結果稱為「激發電位」。讀寫障礙者的生理缺陷，使他在閱讀時需要較長時間才可產生一個「激發電位」，導致腦部反應較慢，需要較長的潛伏期及其波幅減少。還有，左額葉在人們進行字詞複誦、字符解碼，或大聲唸出字詞，辨別音韻聲質時，會被激發反應。在字母形狀、字母聲音、語義類別和押韻調節等的認知測驗中，發現腦部許多區域（如字型處理在枕葉細紋區、聲韻在顳葉和額葉下面區、語意在顳葉上面區）皆參與其中。可是，讀寫障礙者的詞彙和語音的特質較少，在「音韻 —— 記憶」的運作中，右半腦激發不足。

當我們閱讀時，眼睛所收集的訊息，激發枕葉的初級視覺皮質區，眼睛看到的文字符號和信號會在「角回」執行視覺區域轉譯成語言，腦的上顳回區將語音轉換為語詞。可是，讀寫障礙者缺少這三個階段歷程，卻只在腦的「下額回」區激發處理訊息。腦部發展的同時亦會學習，我們的經驗、記憶和情緒會隨環境和教育因素而重塑，再塑造，刺激「突觸」生長連接神經元，強化大腦的功能及潛能。

腦神經圖

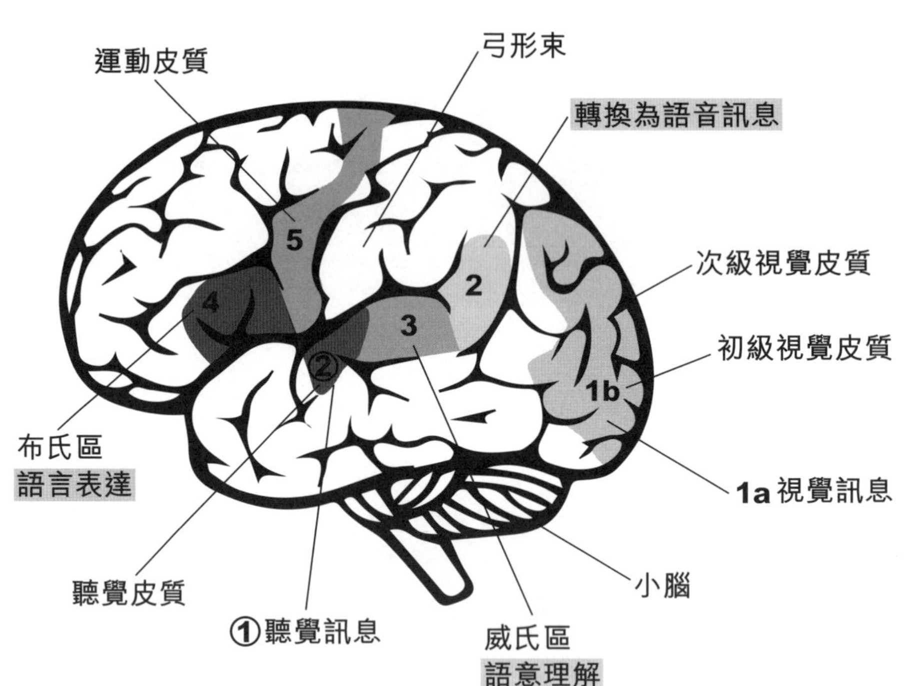

複誦聽到的語句　①→②→3→4→5　產生說話、寫字等動作

朗讀看到的文章　1a→1b→2→3→4→5　產生說話、寫字等動作

愈讀愈挫敗

媽媽強調，仲榮的智商正常，跟一般孩子無異。中文程度不好，只因孩子就讀國際幼兒園，以致成績平平，削弱興趣，慢慢放棄中國語文。當然，我們知道 IQ 測驗不會測試各種智力，學習障礙也不會僵化地界定為「智商和閱讀能力之間的差異」。

回顧仲榮的處境，筆者多考慮環境對他閱讀發展的影響。他自幼由菲傭照顧，以簡單英語溝通，平時獨自留在家中，缺乏與他人交談的機會。父母在不同地方居住，很少跟他閒談互動，媽媽忙於工作，很少留在家中照顧他，可以想像他自幼的語言環境並不豐富。

讀小學開始，母親已經花錢聘請補習老師，匆匆一個多小時，只忙於協助他完成過量的功課，卻沒有在閱讀障礙方面多做補救工夫。除了中文閱讀和背寫困難外，仲榮的英語運用也不見突出，不過英文讀寫學習相對中文容易。

綜合老師在課堂的描述，以及我們的觀察評估，雖然仲榮很少與人交談，但說話和理解口語能力仍屬正常，只是認字和抄寫中文較慢，對內容理解也感到困難。

當他閱讀及默寫生字時，經常感到十分吃力，甚至無法完成。仲榮早期閱讀的困難，影響他閱讀能力的發展。當課程的要求愈高，加上閱讀的挫折，漸漸形成惡性循環，導致他不自覺地讀不了，也記不到。

仲榮坦誠表達，讀書是非常挫折的事，不明白為何要迫他上學讀書。久而久之，媽媽對他每天是否做完功課、幾時上牀睡覺，不願起牀上學已經失去耐性，母子衝突也日漸增多。

仲榮的智力正常，卻未能準確而流暢地「認讀」和「默寫」單字。普遍來説，讀寫障礙兒童面對兩層障礙，第一層是孩子不能認、讀、寫文字。若他們能從事不用處理文字的工作，障礙僅止於「不能掌握文字」，但在這過度重視語文能力及學業成績的社會，孩子因第一層問題（讀寫障礙），而在成長過程中充滿挫敗，出現低自尊和逃避的心態。至於第二層障礙則在情緒、行為與社會適應等方面均可能出現問題。

覺得自己好無用

媽媽向我們求助是關於仲榮的管教問題，並不是他的讀寫障礙。

在首幾次家庭訪問中，仲榮多次表達自己已經很辛苦。他說話很慢，不敢抬頭望向我們，自言自語地説自己不是低能。當媽媽怪責他不學好中文時，他立刻別過臉，以示不滿，但不敢反駁媽媽的訓話。媽媽看在眼裏，非常激氣，直斥其非：「他就是一副不在乎的樣子，我怎講他都不理會我，只顧玩手機。」不過，媽媽看懂兒子的眉頭眼額，也識趣地提高調子說：「我仔仔砌模型有天份，大人不用幫他，他很快知道怎樣砌。」仲榮低頭回望，但仍不敢多言。

與家庭同行時，筆者特別關心特殊教育需要孩子的自我概念發展情況。如前文多次強調，自我概念是個人對其特定或整體能力、特質的自我主觀感受，在成長過程中經與他人互動發展而形成。

讀寫障礙孩子智力正常，學業表現卻遠遜於同儕。媽媽看見兒子讀書不濟及沒有心機，誤解他因懶惰而拖累學業成績，不明白他的「認讀」和「默寫」困難。媽媽放工後即或忙於家務，仍抽空陪他做功課，但見仲榮這種進度，早已失去耐性，忍不住責備兒子。仲榮感覺無奈，覺得經常遭到負面批評。仲榮曾私下告訴我，覺得自己很失敗，讀書不及別人，多次用「自己不好」、「阿媽話我不夠勤力」、「我蠢，覺得自己好無用」等自我對話方式向我傾訴，導致他的自我形象低落，感到自卑，缺乏自信。

雖然學校老師曾表示關注仲榮的情況，但媽媽獨自承擔家裏的經濟，早出晚歸，自感生活吃力，兼顧不了這麼多事情。仲榮多次告訴我，他覺得自己「無用」，無論怎努力，都難於取得好成績。可惜，媽媽誤解他不夠努力，愈是責備，情況愈差，連親子關係也受影響。

高期望父母 低自信孩子

媽媽雖然對兒子抱較高期望，但知道不能勉強。從其他類似的個案，我們不難發現，當父母對孩子能力抱有過高期望，遠超他們的能力所及，而管教方式傾向權威嚴厲，就容易令孩子感到困惑不安。孩子自知無法達到父母的期望，常常擔心成績不好受責備，對這些失敗經驗感到沮喪，不自覺自我貶抑，自然產生焦慮。

媽媽抱怨説：「仲榮在家中尚算聽話，我已經沒有罵他，但他有時以為我查看他的功課，就會以尖鋭的言詞、惡劣的態度頂撞我。」

仲榮回應説：「你唔問就無嘢啦，我唔想你畀我咁大壓力！」

除了功課壓力外，仲榮言談間透露自己對考試感到擔心懼怕，因為每次都證明自己是失敗，多多少少又受到責備。即使別人不説，他也會怪責自己，為何總是不及別人。

起初的家庭支援介入，我們發現仲榮出現兩個明顯的心理防衛反應。在媽媽和我面前，每當談及功課情況，他就會拿出已完成的模型，將它舉高，配以怪聲引人注意，掩飾學業不佳丟失面子的尷尬。

如果媽媽追問他的功課進度，他便會裝假説:「已經做完，在學校已經做完。」若然做功課做得太累，他就會説自己身體不適，以逃避完成作業的責任。

媽媽注意兒子沉溺在手機遊戲當中，每天花很多時間把玩手機，而管束他使用手機，又增加了母子之間的張力。

仲榮的學習動機低落，沒幾個朋友，班內也沒有同學喜歡與他同組，無怪他覺得自卑、寂寞。負面的社交經驗讓他變得退縮，不敢主動與人交往，影響了健康心理社會發展和人際交往能力。

不要防衛，只要對話

面對仲榮的發展需要，筆者先助他解除負面的心理防衛，鼓勵母子說出當刻的感受和觀點，而不要重複訴說對方過去的不是。

我相信促進家庭成長的焦點在於過程，鼓勵媽媽和仲榮建設性地對話，以心交往、感覺和用心領悟，試圖打破他們僵化的「你話我，我唔出聲」的不良回應方式，又或跌入慣常各自表述、互不理解的陷阱中。**透過我的參與，讓他們暫停指責，坦誠溝通，給大家機會修正對學習困難問題的論述，並嘗試對這問題賦予新的象徵意義。**

當我們進行三人對話時，要敏銳地儘快理解母子間的溝通方式和慣常的言詞用語，洞察他們如何陳述當前問題。從偶爾的爭執和互相指責中，我聽出兩人的觀點雖然不同，也不是絕無道理。我幫助他們了解彼此對學習困難的不同想法，也關心媽媽怎樣認知學習障礙對兒子心理健康的影響。

走進家庭是經驗主義家庭治療的歷程。經驗本身是一種隱性的生活歷程，家庭卻要藉由經驗而成長。當我與不同家庭成員交談時，各人對現況的看法存在差異，並以象徵性的方式展現，這絕不一定是所謂看得見的事實。可惜，媽媽仍然拒絕知會和邀請爸爸共同參與家庭訪談。我必須尊重家庭的決定，與家庭建立信任而緊密的關係是重要的，也要保持合適界線，避免角色混淆，這樣才能建立足夠信任，讓我們參與尋找轉變的機遇。

認知介入

在認知層面，媽媽雖多次表示明白兒子的學習困難，卻難掩她對兒子的高期望。她因兒子的困難感到苦無出路，傾向先解決眼前困境。我先促進母子間彼此了解，改變他們之間僵化的思維方式，幫助他們探索及嘗試新的親子互動，找出更多可行的解決方法。

在三人的會談中，首要突破他們的心理防衛，提升各人的安全感和覺察能力，將精力置於積極成長的歷程，不再衝突，才可增進母子的健康關係。除了即時呈現的互動模式，母子各自表述當時當刻的感受和觀點，**當媽媽更接納兒子的障礙，了解他的困難，便能以更包容的態度回應他的成長需要，避免因偏見而一味怪責，這樣可減低仲榮的自責。**

閱讀障礙的原因不是單一的，部分源於生理因素，同時也受到教育環境和家庭閱讀習慣的潛在影響。對於閱讀能力不佳的孩子，先天因素的確阻礙早期閱讀經驗發展，如再受環境所加諸的挫折，會導致閱讀能力遲緩發展，繼而逃避以致放棄閱讀。在家庭支援和教育上，我先引導媽媽及補習老師輔助仲榮培養良好的閱讀經驗，使他改變對閱讀的感知經驗。

每個人都需要被肯定。當一個人受他人稱讚，獲得他人好評，就容易產生正面的自我概念。當仲榮遇到不會的字，就停下來不唸時，我耐心鼓勵他嘗試。即使他唸錯，仍要給予正面回饋，讓他知道這是好的開始。成功感對讀寫障礙學童特別重要。

在家庭教育上，我們指導媽媽運用適當的詞彙，陪同兒子閱讀，清晰地唸給他聽，豐富仲榮的口語理解能力，有助他建立閱讀能力。

為修補仲榮閱讀能力發展的滯後，我設計了聲韻語音的練習，幫助他先掌握讀音的技巧，同時，為了提升他的閱讀動機，又採取文字配對遊戲、圖片故事、模仿卡通片段人物對話、互動閱讀、大聲叫讀正確字音、猜字估義等策略，我們樂在其中。在愉快閱讀的同時，也嘗試了解文章的內容，增強他對學習的信心。

除了結構性的閱讀訓練外，我與媽媽商討怎樣建立仲榮生活學習的成功經驗。家庭生活是最好的學習場所。仲榮對抽象文字符號記憶較差，但經驗學習給他成就感。媽媽曾和他一起閱讀甜品烹飪書，然後動手製作；一起閱讀貨品介紹單張或文字廣告宣傳，為他的房間裝飾；一起閱讀教授羽毛球技巧的書籍，又與媽媽、鄰居孩子切磋等。透過這些經驗，帶動母子建立「生活的學習」和「學習的生活」，讓閱讀寫字不再是苦悶死板的事，一併發掘並培養在德智體羣美不同的潛能和興趣。

當孩子的能力和長處受到肯定，在社交、學習和自信心等方面就會有正面發展，既可增強自我效能，也能夠成長。同時，也要教導孩子練習一些自我激勵的説話，讓他懂得自我肯定和讚賞自己的優勢和能力。

孩子的身心健康，能激發他們對學習的熱誠和對生活負責，樂見他們展翅飛翔。

「治療師、媽媽和兒子」的三角關係

仲榮是獨生子，且自少缺乏爸爸的陪伴，當我進入他的家庭時，他經歷由「我與媽媽」的直線關係，轉變為「治療師、媽媽和我」的三角關係。這種三角關係互動，不單塑造母子互相支持的格局，我也着意指導媽媽給兒子感受溫暖、關懷的環境，擴展他們家庭的社交生活。

雖然仲榮的學習困難仍在，但已見改善和努力。他們不再糾纏在仲榮無能為力的事上，二人都致力於能力所及的生活之事。

我持守專業界線，合宜地進出母子關係，引導他們重新建立個人和周遭環境之間的平衡關係，裝備家庭資源，輔助母子的自我和親子關係發展和福祉的增長。

仲榮個案的治療重點

1. 轉化媽媽對兒子「功課成績不好」因由的理解。
2. 在家庭支援時，為母子提供心理教育，加強他們了解障礙出現的可能原因及輔助學習的有效方法。
3. 鼓勵媽媽重視兒子自我概念的健康發展，多欣賞仲榮的努力和付出，為他每個積累的小成就，給予肯定和讚許。
4. 家庭支援時，協助媽媽調整教導策略，鼓勵仲榮練習閱讀，改變他對閱讀的感知經驗。
5. 臨牀治療取向，則是幫助媽媽及仲榮建立生活學習的成功經驗。
6. 專家介入：嚴守專業界線，合宜地進出母子關係，引導他們重新建立個人和周遭環境之間的平衡關係，加強家庭應對問題的資源。

2. 黃家的故事：我的孩子不自閉

「兒子就如其他孩子一樣，對環境和新事物充滿好奇心；只是說話慢了一點吧，長大了會改善的！」

建輝在香港出生，父親是香港人，母親是內地新移民。祖父在深圳開設家庭式加工場，父親完成中學後協助家庭打理生意，與太太在廠房相識戀愛結婚。幼兒時，他隨父母暫居深圳，後舉家回港定居。平日，母親在家照顧兩名年幼子女，父親則每天往返深港兩地。建輝是大兒子，從幼稚園開始，媽媽發現他的面部表情極少，肢體動作有點笨拙，腔調較奇怪，在校難與同學溝通，容易鬧情緒。

建輝一年級時，經老師鼓勵下，爸媽帶他見兒科醫生，評估為亞氏保加症兒童。約半年後，爸爸經朋友介紹主動聯絡我們，想了解爸爸在培育亞氏保加症孩子的角色和方法。事實上，爸爸並不清楚孩子的成長阻礙，只以為兒子的性格有些問題，需要特別照顧。

亞氏保加症的診斷標準

參照美國《精神疾病診斷與統計手冊》第四版更新版（Diagnostic and Statistical Manual of Mental Disorders, DSM-IV-TR）中有關亞氏保加症的診斷標準，患者明顯有社會功能「質」的缺損，並呈現以下四項症狀中至少兩項，包括：

1. 缺乏社交或情緒的表達和交流能力；
2. 非語言行為的能力缺損明顯，如面部表情、調節手勢、目光接觸及身體姿勢等；
3. 缺乏自覺，對他人沒有興趣、喜悅或展示成就的能力；
4. 無法與年齡或發展相近同儕建立關係。

另一明顯症狀表現於反復及固執的行為模式、活動和興趣，至少具備以下一項症狀，包括：

1. 固執及反復的慣性動作，如不斷拍擊或搓揉手指，重複做出怪異的全身動作；
2. 行為出現非功能性的固定常規，明顯缺乏彈性；
3. 一種或以上的固執及局限的興趣，呈現過度的異常現象；
4. 堅持關注身體某些部位。

他們的語言能力可能出現遲緩現象，説話音調特殊，但認知發展和生活自理能力，則沒有像社交溝通互動能力般出現明顯遲緩。他們也不符合其他特定廣泛性發展障礙或精神分裂症的診斷標準。

另外，筆者想強調，有關腦神經發展障礙引致亞氏保加症的成因及過程，腦神經研究或是兒童腦神經科醫生所知的仍然有限；在藥物治療方面，精神科或兒科醫生仍有分歧。面對市場上不同種類的治療方案，療效仍需科學引證和研究考驗，所以，家長不要輕忽道聽途説，到處尋找不具實證及另類治療。**醫學上的發展障礙超過百餘種，切勿簡單地把孩子歸類，而忽視腦部功能發展的病理成因及症狀的多重性。**

長大了就會好起來？

初次跟父母見面，我先與他們單獨面談，雖然 DSM-IV-TR 診斷標準給我們指引，但更重要的是進一步掌握孩子的真實情況，觀察家庭行為狀況。

筆者先從幾方面思考建輝的發展需要。建輝的初步智商評估是在正常範圍，學校學習的認知表現沒有明顯差異。父母直言兒子就如其他孩子一樣，對環境和新事物充滿好奇心。他們教導兒子自小要有自理能力，重視他的個人衛生和時間管理觀念，不覺得要刻意及經常提醒他，他也能做到。媽媽懷疑孩子是否發音不好，以致聲調顯得奇怪，不過相信待他長大發育，就會改善了。

我問他們有否為兒子做感官知覺和統合的訓練，特別是兒子對聽覺敏感度或是光線觸覺經驗的反應。兒童腦部發展需要整合不同部位的訊息，不要輕看身體各感官的協調，如大小肌肉、視覺和聽覺專注、語言和知覺、認知和專注力等。腦神經網絡增長、重整和調校的功能，會在發展中不斷改善，促進孩子腦部調節，面對環境裏的感覺刺激，能作出適應性反應。家長對此卻不太知曉。

後來，我協助他們掌握幾個家庭可進行的「感統訓練」活動，促進建輝自我調節的反應能力，增進他的自信心。

祖父母的擔子

初步與家長面談後，我儘快安排家庭探訪。

他們租住新界三層丁屋，地點遠離火車站，一家四口住在二樓。媽媽長得矮小，説廣東話時仍帶有內地口音，平日很少外出，多數留在家中照顧兒女，小女兒約三歲半。媽媽每天要接送建輝上學，家庭事務令她十分繁忙。第一次跟兩位孩子見面接觸，他們的衣着帶點鄉土純樸味道，不似城市長大的孩童打扮醒目。雖然媽媽多次提醒建輝有客人到訪，他依然獨坐一旁，沒有理會我們。

爸爸走近兒子身邊坐下，率先打開話題，談起兒子年幼時的家庭生活，面帶笑容。一家三口與祖父母相鄰而居，夫婦忙於打理工場，多由祖父母照顧孫兒的起居飲食。爸爸是家中的長子，家有一妹，自小跟隨老父在家庭式工場幹活，習慣往返中港兩地。媽媽的娘家是黃家的同鄉，她排行第二，有一姐一弟，姊姊嫁港人後定居香港，弟弟則留在深圳工作。姻親關係緊密，常有來往，在港姊姊對妹妹也很照顧。

對黃太來說，她只聽過弱智低能兒或瘋子傻子，根本不曉得什麼是亞氏保加症。她說兒子生得這麼俊俏，也很快學會她教他的東西，與其他孩子沒兩樣。起初以為他不喜歡老師和同學，習慣跟着爺爺奶奶，而不願離開他們。

儘管媽媽覺得兒子的面部表情極少，動作笨拙，講話時腔調較奇怪，但老人家說孫兒還小，小孩個個都是這樣。建輝讀幼稚園時，老師曾提及他在校難以跟同學相處，容易鬧情緒，但礙於祖父母的意見及他們正全力照顧兒子的起居生活，媽媽即使擔憂懷疑，又不敢直言質疑。

事實上，本地有不少特殊教育需要孩子，是由隔代教養代替雙親照顧及管教孩子，如祖父 / 母或外祖父 / 母擔任監護人及主要照顧者。目前香港缺乏相關的統計數字與分析，這類家庭的生活困境仍然相當隱蔽。不難想像，基於學識水平或是理解錯誤，受制於傳統思想和生活條件，祖父母往往對有特殊教育需要的孩子認識不足，而且體力精神有限，管教孩童亦易於偏頗不一致，容易過嚴或過鬆。黃太曾複述年逾六十五歲的奶奶對孫兒這樣說：「你唔識同嫲嫲講嘢？你張嘴成日收埋就會變啞！」不過，爺爺奶奶對孫兒的特殊狀況半信半疑，只道是孫兒乖巧聽話、內向不多言，跟其他的鄰居孩子差不多。

建輝是黃家長孫，奶奶自是照顧得無微不至。爺爺是家庭話事人，保守寡言，家人多數服從他的要求。爸爸「脾氣好、顧家庭」，對妻兒很少訓斥責罵，每天放工回家只是共享天倫之樂。媽媽沒有接受特殊子女教養訓練，對亞氏保加症的兒童發展及治療沒有認識，也較難理解病因，內心感到不安，覺得愧對夫家，儘可能事事聽從。爸爸知識水平較太太高，態度開明，認為兒子處於成長發展期，心智能力應可透過合適訓練和教養栽培。

「我不懂，更不知應怎樣帶大他」

我在幾次家庭探訪觀察到，每當建輝想慢慢對我們説話時，媽媽總心急地指導他應該怎樣説。無論媽媽説多幾次，建輝仍會停頓片刻，像「斷片」般未能立刻回應，説話仍是斷斷續續，不能説出完整的句子。

自年前回港定居後，丈夫早出晚歸奔波兩地，媽媽承認終日在家獨自面對兒子，又要照顧年幼妹妹，倍感孤單無助，情緒不太穩定，容易失去耐性，與他説了幾句已經不想再説，就由得他獨個兒玩，有時甚至會悵然望着兒子：「我不懂，更不知應怎樣帶大他。別人説這説那，解説給我聽，也真的不懂怎樣做才對。」

爸爸憐惜母子的困難，「慢慢來教，兒子還小，我們一家人還好，現在情況可以。」

我讓父母子三人對話，兒子親口告訴媽媽，「我要慢慢想清楚才知怎樣說，有時想不到，不懂說。」

爸媽當即回應「我們知道的。」

在旁邊的妹妹不停糾纏着媽媽，不停打斷三人對話。雖然媽媽儘可能順應女兒的要求，但她十分依賴媽媽，不願離開半步。

寓訓練於家庭活動

接着幾次的家庭探訪，我們與父母協議，嘗試在家進行基本感統訓練活動。首先，我們關注建輝的不安和焦慮情緒，希望減輕媽媽的壓力，讓她開懷投入親子活動中，自然表現對兒子的無條件接納。每次指導父母及示範帶領感覺統合活動前，必須清楚解釋各項活動步驟，並事前收集及利用日常生活的簡單物品作訓練之用。

在活動進行期間，我們即場教導父母，怎樣仔細觀察兒女對感統活動的反應，了解他們所表達的感覺。我們先進行「心心掌印」，讓他們家人各自在手腳沾上麪粉，再於同一張大卡紙上印上掌印畫，這有助建立愉快氣氛和促進子女四肢觸覺刺激，鼓勵他們擺出不同姿勢和移動位置，除增加樂趣外，還可以刺激身體感覺動作與手眼、手腳協調。

另外，建輝的視覺和聽覺系統需要加強整合，以促進他對環境的敏鋭性，透過家庭學習活動的元素，有助協調他的視知覺和聽知覺的發展。

「音樂塑像」的玩法可隨孩子的回應即時調整。我先請他們站在橫線區內，當音樂響起時，各人一同移步向前；當音樂停止時，就要像塑像般站立不動。隨音樂再起，鼓勵孩子扮不同動物走路或擺出個人喜歡的姿勢，音樂再次停止時，就不可郁動。為了增加樂趣，我假扮遊客為他們拍照留念。兩個孩子看見父母的趣怪樣子，也表現得合作和積極反應。這樣隨音樂重複移動身體、無聲停頓的肢體動作，可訓練孩子的聽覺專注力、聽覺分辨及控制動作的反應。

爸爸在「音樂塑像」活動的趣怪造型，逗得孩子大笑，而媽媽慢慢放鬆自己，身體不再繃緊，與子女混在一起。她見建輝笑容多了，也覺親近。

還有一個較適合訓練建輝的聽覺專注力及聽覺次序記憶活動，父母事前預備寫上 1 至 10 的數字卡，及 A 至 Z 的英文字母卡，兩位子女站在圓圈正中位置，外圈是其中十五個英文字母，內圈是十個數字。當父母講出三個數字或英文字母組合後，孩子要用軟膠準確擲向相符的數字及英文字上。

隨着各人愈來愈熟練，父母可調整活動方式，由三個數字組合變成五個，或是用軟膠擲中指定字母同時講出相關英文詞語，例如：B for Boy、G for Girl，亦可利用簡單英文拼字，如父母讀出 boy，孩子依次將軟膠擲中相符的正確字母。當孩子聆聽數字及字母組合時，可促進聽覺專注力及聽覺次序的記憶；聽完再擲向相關數字及字母，可鍛煉手眼協調及視覺追蹤配合身體動作反應，加強「本體覺」的刺激，有助建輝改善對環境的回應能力。

以上活動讓父母明白感覺發展的重要，了解怎樣輔助孩子在體能、智能、語言、情緒和社交等健康發展。在家庭支援過程中，父母建立家庭活動，透過不斷的親身練習，除讓孩子們親身經驗及累積「玩中有樂、樂中有知、知而行之」的感官經驗外，同時讓爸爸與媽媽携手建立良好親子關係，增加父母的教養能力和對子女的親和力。這是好的開始，**成長治療需要父母共同協作。**

兒童的語言發展需要

幼兒語言研究的文獻指出，幼兒的大腦天賦能處理各種語言的共有特徵，語言發展基礎乃是以先天秉賦的元素或屬性，配合情境和規則形成的共通系統，是天生能力與客觀經驗的互動結果。此外，行為主義強調語言強化（Reinforcement）的概念，認為語言透過刺激（stimulus）與反應（response）而產生。

兒童是語言學習的主動者。早年皮亞傑（Piaget, 1962）已提出，兒童在一歲前受外界刺激，語言模仿以「哭」來表現；一歲至歲半是真正語言開始，兒童以偶發性單字，按過去曾聽過的，模仿易懂易學的聲音，或由別人聲音感染而引發聲音模式。接着開始系統地模仿，兒童懂得模仿自己發出的聲音外，並能模仿新的發聲動作。

雖然幼兒的口語發展建基於生理基礎上，但是口語涉及發音，發音的技巧則從聆聽和説話的互動中學習和改善。相對語音的掌握，初生嬰兒已能發出哭聲、嗓音、啊咕聲，但不能即時掌握語言，具無意識的性質。當幼兒能了解別人語言，發音中出現元音與輔音，能表現分明的音節，掌握模仿發音與了解語言相關聯繫，語言發展正式開始。

語義理解訓練

因語言與思考是複雜互動，且具備思維和認知能力，筆者特別留意兒童語言發展和語義理解的訓練。語言發展由單詞期邁向重複音節，如「爸爸」、「玩玩」、「睇睇」、「波波」，包含單詞的語音、意義和應用的基礎發展。

三歲的兒童學習掌握量詞、代詞、疑問詞和字的排序，逐步學習簡單結構的句法。同時，兒童在語音、語法和口語的發展迅速，並配合說話的「語氣」，提高口語表達能力。

隨着兒童的求知自學，他們的詞彙、語音及語義掌握已具基本社交能力。當兒童能掌握足夠的詞彙，思維發展到達一定程度，就能開始運用複合句。

三至四歲兒童因詞彙貧乏，對詞義掌握不確切，仍未能運用抽象名詞及理解詞義，如抽象事物：「氣質」、「看法」；如地方：「終點」、「涼亭」；如方位：「西邊」、「側面」；如時間：「舊時」、「時代」等。直至五歲左右，才開始掌握一些較抽象或複雜的時間名詞，如「聽朝早」、「上幾次」、「係時候」等。

而且，兒童也較少懂得運用感歎句表達個人感受和情緒，但隨着年齡增長，他們則喜歡以感歎句式表達情感，語言運用的句子含詞量較多，結構日漸複雜。

另外，兒童的説話句數較多，句子結構卻表現鬆散，出現非連貫語言，如「媽媽雪糕」(非連貫語言)，而非「如果我聽話，媽媽給我買雪糕」(連貫語言)。

六歲左右，他們懂得運用嚴謹語句結構，附以修飾語，如「暖暖的」、「輕輕的」。事實上，兒童説話時較常運用較短而不完整句子，也多用與生活有關的動詞，如「食」、「玩」、「飲」、「睇」等，並以動詞代替名詞使用，如「食咗啦」、「我玩緊呀」及「做得啦」等。當然，他們也較多使用日常生活裏直接接觸的人和物的名詞，如親人和同學的名字、玩具、卡通人物、食物等。

孩子的語言發展需要

兒童須在一定口頭語言基礎上才能發展書面語言。因着絕大多數漢字是由「形符」及「聲符」構成的形聲字，很多兒童在閱讀過程中習慣「有字讀字、無字讀邊」，所以字音對識字是重要的。香港孩子的母語多數是廣東話，廣東話的九聲主要由音高來區別，是聲調語言，隨輔音韻尾、入聲和非入聲來區別。話語溝通中慣常利用聲調、語調及高低音調（如，陳述句的音高是往下走，而疑問句的音高則是向上升）和情感狀態（如，愉快時語調較高、悲傷時語調較低沉、害怕時語調較

尖）影響語言能力及接收溝通訊息。

另外，語言在兒童的認知活動裏發揮重要功能，因語言讓兒童表達所學的知識，有意識地認識客觀事實，並能幫助記憶。他們的知識和生活經驗豐富，字語詞彙量逐漸增多，為他們進入小學學習書面語打下良好基礎。

兒童的詞彙運用具備三大範疇，分別是「形式」（form），指語法及語音；「內容」（content），指詞彙的多寡，以及「運用」，即在不同的情境説合適的話。語言的形式、內容及運用皆有規則，個別孩子在語言「形式」表現較弱。舉例來説，兒童會將心裏所想，如「媽媽，我想要兩個蛋」，説成短句，如「我要蛋。」又或因他説出的句子結構簡單，先後次序排列錯亂，以致將幾個詞語組合成不通順的句子，如「畀我蛋，兩個。」

某些兒童因詞彙貧乏，他們説話的句子雖不短，但內容空泛，詞不達意，如他的意思本是「媽媽帶我去餅店買生日蛋糕，然後店員幫我裝在盒子。」卻説了「媽媽去果間呢度買呢啲蛋糕，跟住果個姊姊就幫手我喇。」這些兒童未能以精確詞語説出自己的想法，慣常用含糊的「呢度」、「嗰啲嘢」、「唔知」代替，偶爾還會錯用詞語，將「朱古力蛋糕」説成其類別名稱「蛋糕」等。

家長可以幫助子女的語言發展

在家庭教育和與父母協作中，我透過有系統及針對性的訓練，鼓勵家長改變與子女的互動方式，給他們更有效的語言刺激，累積詞類和語義的運用經驗。筆者與語言發展遲緩兒童初次見面時，都考慮作標準的評估，參考規範的項目及常模結果(即兒童於該年紀應有的能力)，初步斷定他是否有語言障礙。同時，我也常運用情境評估，除了仔細聆聽家長描述孩子在家中的情況外，還要設計家庭遊戲、說故事、圖畫影像等，了解兒童的語言能力，強項和弱項，才能考慮治療方案。

事實上，兒童語言運用及閱讀訓練，必須按部就班，細分不同口語及粵語詞類運用，包括詞語劃分，例如名詞、動詞、形容詞、副詞、量詞、語氣助詞、數詞、連接詞、歎詞、代詞等等。還有不同句子形式，例如無主語句:「畀番你」、獨詞句:瞓覺、「邊度」; 簡單修飾語:「好好睇」; 帶連接動詞:「依度係邊度呀」;複合句:「一路食、一路睇」等等，擴闊句子結構。

將語言字詞學習訓練步驟細分成短期目標，不能一步登天，錯誤期望只用兩三節訓練就立竿見影。我十分重視跨專業協作，鼓勵家長尋找專業語言治療師，並透過家庭教育工作，讓家長配合在家中做練習，先別催促和揠苗助長，更不要迫孩子一下子說出多些句子。

家庭談話裏學習

聲音符號涉及聽説過程；視覺符號是書面語言，涉及讀寫的過程。我與建輝談話互動時，特別留意建輝在聲音符號的發展情況，因為口頭語言和書面語言的相互關聯發展是重要的。與父母深入了解建輝的日常生活習慣，發現除了媽媽外，他沒有接觸外人，很少機會與別人口語溝通，難怪他積存的詞彙字音較少、識字認字及閱讀寫字不多。

除了考慮家庭和環境因素會否影響建輝的語言學習和發展外，在家訪時筆者也會留心家長的説話會否太快，用詞是否複雜難明。媽媽忙於照顧年幼妹妹，他多是留在家裏，只對着電玩遊戲或看電視，也很少跟鄰居孩子玩樂，沒有其他社交機會。他很少接觸外界事物，沒法建立豐富的生活用語和詞彙，以致言語學習那麼貧乏。所以，筆者指導媽媽在字形、部首及朗讀活動等，協助兒子在生活常用的基本字外，累積字詞量。

另一方面，我也要仔細分析他的詞彙運用能力。建輝的語言理解或表達能力明顯跟不上同齡兒童的發展步伐。雖從電視卡通片學會一些句子，卻不懂得如何運用。

有見及此，筆者鼓勵父母多帶建輝去不同地方，途中不忘教導他以合適詞語説出所見的事物，又拍下相關的景物，回家後與他重溫練習詞彙，促進親子關係，也慢慢豐富建輝的說話內容。幸好，建輝沒有因為高度自閉症、聽障、智障等，亦沒有特別明顯生理心理症狀，只是礙於語言學習的場境不佳，使他發展較慢。

父母懂得欣賞兒子積極學習，利用正面讚賞代替負面責罵，減低兒子對語言表達的心理壓力。父母用心觀察建輝的行為，明白他的需要，耐性地教導他以語言表達自己，進步可期。

建輝個案的治療重點

1. 進入家庭前，多方面了解內地新移民家庭在香港的生活狀況。
2. 掌握隔代教養代替雙親照顧及管教特殊教育需要孩子的困難及局限。
3. 支援父母的家庭教育，加強家長對幼兒語言發展的了解，及認知子女的語言發展需要。
4. 臨牀治療介入強調，從日常生活經驗，提升孩子掌握模仿發音與了解語言相關聯繫及語義理解的訓練。
5. 促進孩子的語言學習，輔助他在一定口語基礎上才發展書面語，因生活語境與語言學習有着密切的關係。
6. 家庭支援：主要透過有系統及針對性的訓練，鼓勵家長改變與子女互動的方式，為他們帶來更有效的語言刺激，累積詞類和語義的運用經驗。

3. 李家的故事：我的女兒難專心

「我已用盡所有方法想叫停小女兒都沒有成效，只好大發脾氣，才可能令她專心數分鐘。」

麗蓉年約七歲，在家中排行第二，就讀小學二年級；姊姊較她長五歲，升讀中一。她們生長在三代同堂的隔代家庭，麗蓉媽媽是雙職母親，爸爸是散工，有時當夜班或通宵更，一家寄居在婆婆家住於破舊唐樓一間不足四百呎的狹小房間。

爸爸收入不穩，媽媽壓力很大，情緒也不穩定，成為夫妻隔閡和衝突的主因，無法合作管教女兒。大女兒懂性，品學俱佳，不自覺承擔了主要照顧者的責任，也成為媽媽的傾訴對象。媽媽面對好動又不願受教，疑似「過度活躍」的麗蓉，容易被麗蓉激動，偶爾把對丈夫的不滿發洩在麗蓉身上。

筆者經由專業課程學生轉介而接觸麗蓉。麗蓉媽媽是學生的遠親，一直關心這個家庭。據學生透露，這個家庭的資源很弱，麗蓉爸爸在香港的直屬親人只有獨居而年老的哥哥，兄弟沒有交往，還有一個留在鄉下的妹妹，多年來沒有聯絡。

他們一家五口擠在狹小空間，麗蓉經常坐不定，動作多多，言行表現沒有禮貌，婆婆及媽媽吆喝她，才可安靜片刻。

她從沒有接受任何正式的特殊教育需要評估，只因爸爸不同意，覺得女兒沒有問題，孩子喜歡走動，做自己喜歡的事，就任她自由發展。要是貼上什麼病症的標籤，對女兒的負面影響可能更多，媽媽也不敢違逆爸爸的決定。

沒法停下來的孩子

第一次家訪由學生引帶，事前經媽媽同意，藉過節拜訪長輩，向婆婆及媽媽送上見面禮。姊妹關係不錯，麗蓉似乎很聽姊姊話，一直陪伴在媽媽與婆婆身邊。起初麗蓉可以安靜地待在姊姊身邊，數分鐘後開始坐立不安，搖擺身體，不停地晃啊晃啊，搖動手腳自娛。姊姊嘗試安撫她，媽媽見慣不怪，並說無論她用任何方法都無法叫停小女兒，只好大發脾氣，才能讓小女兒維持專心數分鐘。

在功課學習上，媽媽不用操心；不過，麗蓉無法專心做功課，容易感到煩躁不安，不在媽媽看管下就沒法完成課業。每天做功課時間漸漸變成母女之間的爭吵戰場。相對姊姊的自動自覺和聽話細心，媽媽和婆婆總覺得麗蓉性格出問題，好動頑皮、不聽話，難討人喜愛。

媽媽聽過「專注力不足 / 過度活躍症」，但丈夫認為姊妹性格不同是正常的，自己年輕時亦好動難教，不喜歡讀書做功課，小女兒近似他的個性特點，不算是什麼問題。況且，媽媽心裏不能接受女兒有「特殊需要」。為了不再在學習功課上與麗蓉對峙爭執，影響母女關係，便任她自由發展，何況麗蓉的操行品格亦不壞。

爸爸事前知道筆者家訪，並沒有反對；可是當日需要上班，未能跟我們見面。初步與李家建立關係後，我先讓媽媽和婆婆了解「專注力不足 / 過度活躍症」不是什麼可怕的精神病患，只是患者腦部前額葉功能發展不足，影響患者的集中力、耐性及自控能力。患者的行為表現活躍，「坐唔定、郁手郁腳」，不自覺把玩物件，跟他們説話時，總覺他容易分心、沒有留心聽説。

「專注力不足/過度活躍症」的神經科學研究

大腦劃分為額葉、頂葉、顳葉和枕葉四大區塊，當中以「中央溝」(Central sulcus) 作為分界點，而在中央溝前面的部分稱為額葉。前額葉皮質 (Prefrontal cortex) 位置於額葉較前面的部分，其中「背外側前額葉」(Dorsolateral prefrontal cortex, DLPFC) 負責不同的認知功能、分析和解決問題及執行能力。背外側前額葉會整合身體不同部位傳遞的感官訊息、過去的經驗和記憶，以助個體決定自己的行為。

執行功能 (executive function)，指個人能專心目前所做的事，以完成某項既定目標的能力，涉及個人控制衝動及維持注意力，還具備自我監控及彈性變化以達目標的能力。如果執行功能發生障礙，個體出現啟動 (initiation) 障礙，自發性行為減少，較常表現行為和意念難於轉換的固着狀態 (perseveration)。因他們無法抑制相關衝動訊息，無法控制自我行為，更因缺乏自覺，無法辨識社交情境的角色和行為上的錯誤，影響社交生活。同時，他們缺乏理解抽象刺激與情境的能力，維持目標導向的能力較弱。

前額葉的最下面是「眼眶額葉皮質」(Orbitalofrontal cortex, OFC)，位近人眼眶的上方，它的功能是控制人的

衝動、強迫意念和各種慾望，跟如何解讀社會情境的複雜社交行為訊息及其背後的情緒意涵有關，亦會調節杏仁核（Amygdala）引發的害怕反應。還有在前額葉的前扣帶迴皮質（Anterior cingulate cortex, ACC）的上半部為 Dorsal ACC，負責選擇性注意力；下半部為 Ventral ACC，負責個人的情緒。

前額葉分泌多巴胺和去甲腎上腺素，控制着我們的衝動，就像一部煞車掣，管理衝動的想法，讓我們想一想再作決定。事實上，專注力不足 / 過度活躍症兒童的情緒起伏變化大，容易興奮激動。他們的用語比較直接，令人覺得難相處。在沒來由下會憤怒，部分更會有攻擊行為，容易與人產生摩擦和爭執；可能因衝動而做錯決定，繼而後悔。因常在社交情境和學習遇到挫折，容易產生負面的內在感受和低自尊感。

根據 DSM-IV-TR 的標準，專注力不足 / 過度活躍的症狀，可分為以下三種類別：

1. 專注力不足（Attention-deficit disorder without hyperactivity, ADD）；
2. 過度活躍 / 衝動（Predominantly hyperactive-impulsive type）；

3. 專注力不足 / 過度活躍（Attentive deficit disorder with hyperactivity, AD / HD）。

具備以下症狀最少六項以上，並持續六個月以上，可以界定為專注力不足：

1. 對指定的事經常無法堅持完成，尤其是學校作業或工作中的責任事項，而非因他們反抗或不理解指令的內容；
2. 在學習遊戲活動中，經常難以維持注意力；
3. 經常無法注意學校課業、功課或其他活動的細節，粗心犯錯；
4. 容易受到外來的刺激及吸引而分心；
5. 跟他人說話時，經常沒有留心聆聽；
6. 在日常生活中經常忘記和疏忽事情；
7. 對需要持續專心的工作、溫習及做作業時常出現逃避、厭惡及不甘的表現；
8. 經常遺失或丟棄工作或活動所需的物品；
9. 對安排的工作經常感到困難。

至於過度活躍 / 衝動症狀：

1. 經常在課室或其他需要安坐的場合中離開座位；
2. 不能安靜地參與活動；
3. 經常在座位上動手動腳及表現出不安分的移動；
4. 不顧場合的過多跑跳攀爬；
5. 還沒有聽完問題就急不及待衝口而出，說答案；
6. 經常處於蓄勢待發的狀態，當要動起來，表現狂野；
7. 說話太多；
8. 經常打斷別人的談話或打擾別人；
9. 經常在排隊等待時出現困難。

如果具備專注力不足 / 過度活躍的行為症狀，還須考慮以下四項因素：

1. 在十二歲之前，至少出現某些專注力及過度活躍症狀；
2. 相關症狀在兩個或以上的不同情境中出現，如在家庭、學校；或與朋友、親屬一起時；
3. 行為症狀造成明顯的社交、學業或工作上的障礙；
4. 出現的症狀與焦慮症、解離症、廣泛性發展障礙、精神分裂症及人格疾患等的精神疾患作區別。

支援家庭的三人對話

在臨牀觀察上，家庭資料非常重要。**筆者特意邀請家人一起觀察及記錄麗蓉是否出現上述表現，探索怎樣順應麗蓉的個性和發展需要，調整家庭教育方式，以助她的心智健康發展。**

第二次家訪時，媽媽特意約同爸爸和麗蓉在席，並安排婆婆和姊姊外出購物。爸爸先行打開話題，表示一直不擔心麗蓉的表現，覺得女兒的學習能力不差，也喜歡讀書上學，只是婆婆偏愛大姊姊的文靜乖巧，接受不了麗蓉貪玩硬頸的性子。

媽媽聽到丈夫這樣説，已想插嘴解説事情不是這樣，但都給丈夫的話壓下去：「你估個女要跟你一樣，唔出聲唔郁就係好？屋企地方細，麗蓉又咁細個，叫她困住唔郁，無病都屈到病，走動玩耍有幾嚴重？」

當時麗蓉半身躺在書桌椅上轉啊轉啊，不太留心爸媽的交談。媽媽忍不住丈夫借意指責婆婆，也對女兒的動作看不過眼，於是她向丈夫投訴：「你經常不在家，你見到幾多？她靜不下來。老師投訴她常在課堂做作業時隨手拿筆、擦膠或任何東西把玩，一直搓，玩很久。上課經常散漫不留心，又忘記帶齊東西，你教她做功課，就明白她坐立不安，無法自己完成。」

於是，我轉問媽媽：「現在麗蓉最令你困擾的是什麼？」

媽媽接着説：「最擔心學校老師打電話來，擔心女兒今天在學校又帶來麻煩。我工作時不方便接電話，更無時間向老師解釋，感到老師責備家長管教不好，自己覺得好煩。爸爸不想女兒被『標籤』，我夾在中間左右做人難。」

我側身沒有直望爸爸，讓夫妻兩人繼續對話。

爸爸向我表示：「孩子要慢慢教。麗蓉的行為無問題，是她不懂性，老師硬要指她是特殊學生，我不想爭辯。我家的孩子不錯，誰家父母願意給孩子貼上這個標籤？況且知道又如何？老師在課堂還是這樣教學，女兒仍坐在同一課室裏，不見得有什麼幫助！」

媽媽急着與丈夫對質：「你會教她嗎？你知怎樣幫助她嗎？」爸爸沒有即時回答，只是轉眼望着女兒。

我問麗蓉：「麗蓉，你在學校的生活過得怎樣？」

她轉頭望一望我們：「沒有什麼事！」

爸爸再問：「你告訴羅博士，老師怎樣罰你。」

麗蓉回答時顯得不耐煩，一副不當一回事的樣子，嘴巴像含着滿口糕餅含糊地說：「成日俾老師話上課不專心，做不完課堂作業，被罰沒有小息。」

雖然爸媽覺得麗蓉過動，但不一定是老師所認為的專注力不足 / 過度活躍兒童，媽媽也重複說女兒喜愛回校上課，可能是年幼時婆婆帶着她，沒有好好管束。如果現在自己多花點時間，應可糾正女兒的學習品行表現。

以新的角度了解孩子

眼見三人的談話焦點都在麗蓉的行為問題及不愉快的經驗上，**我嘗試協助父母從新的角度了解女兒的優點和心智發展需要，避免糾纏於行為症狀和問題，幫助父母協同分工做好家庭教育和品德管教。**

媽媽認為最逼切的問題是完成作業，我們就擬定應對的策略，並邀請麗蓉參與回應。麗蓉說在媽媽和姊姊的督促下，她能完成大部分功課。可是，每日要寫五六本作業，自覺怎做都做不完，更加不想做。

媽媽回應：「麗蓉喜歡看科學讀物，而且考試成績也不差，只是英文考試剛好及格。今年換了班主任，英文老師對學習要求較高，課堂秩序嚴格，經常投訴她，但投訴只限於無法專心完成功課，也不是品行問題。」

麗蓉立刻一臉委屈：「英文生字好深，成篇咁長，我背不到全部生字。不要默寫太多，就可以啦！」

媽媽知道麗蓉的專注力不足，無法安定讀寫冗長的英文課業。她曾嘗試將功課作業分段進行，教麗蓉先找出重點，並以一個一個小段落的長度，逐步完成功課，情況有所改善。

另外，筆者發現這個家面積雖然窄小，牆角則放置書桌椅。我鼓勵麗蓉和父母商議，怎樣善用這個小空間，建立一個儘量免於干擾又有點特色的溫習環境。因為對麗蓉來說，完全安靜或吵鬧的環境都不利她專注學習。

另外，爸爸同意協助媽媽建立對女兒的自我規範，養成良好的起居生活習慣，有明確的時間安排，拉近夫妻對女兒的管教方式。夫妻提到當姊姊還年幼時，經常外出，例如燒烤，直至近年收入不穩定後，才減少一起郊遊玩樂。我立刻捉緊機會，鼓勵他們享受家庭生活，況且好動的麗蓉有無窮精力，多做運動、郊遊行山都有助她的身心發展。麗蓉聽見遲些一家去燒烤，立刻轉動身體，跳幾步舞。我好奇一問，媽媽解釋說女兒在幼兒園曾參加舞蹈表演，偶爾自創舞步來自娛。

對於「好動」的孩子，真的需要有「動」的機會。當「動」起來，她自然感到刺激和滿足，減低內心焦慮，舒服一點。我相信善用「好動」孩子的特質探索世界，發揮他們對「物」和「動」的興趣和需要，建立操作運動和紀律生活，能促進自我管理能力。**重要的是孩子透過「動」和「體驗」學習，表現他們的特長技藝，以獲得成就感和認同感，逐漸建立良好自我概念和價值。**

全家協作

接着半年，我進行了幾次的家訪及支援工作，爸爸盡力配合家訪時間留在家中。在家庭會談中，我發現爸爸的幽默和創意，難怪好動的麗蓉喜歡親近他。他積極為女兒佈置學習桌椅外，也慢慢正視麗蓉的專注力不足 / 過度活躍的行為表現。為了增強麗蓉的專注力，爸媽嘗試將他們的真實生活經驗和事件連繫學習內容，將無聊或繁重的學習內容細分成幾個較少的或易處理的內容，儘量以生活化的事例和故事串連在一起，讓女兒較易獲得成就感。同時，爸爸重視麗蓉需要規則和做事排優次的特質，多花點時間參與管教及發揮自己的角色，減輕媽媽的壓力和無助感，在推動麗蓉的執行功能更見效益。

另外，媽媽和兩位女兒嘗試建立家庭學習規律，因姊姊的成績優秀、自主學習能力佳，姊妹關係親密而麗蓉願意依從姊姊的教導。在父母協議下，姊姊發揮小導師的角色，輔助麗蓉覺察何時較容易分心，引導她回到學習的內容和材料上，減少發呆或發白日夢。媽媽的情緒和耐性愈見改善，在教導閱讀時，她試用顏色筆或螢光筆畫下重點和重要詞句，幫助女兒注意，增強她的搜尋能力。他們協助麗蓉學習背誦，她已能將冗長句子分成數個小段落，個別短句段落背熟之後，順序將短句合成完整句子，增進短期記憶。

雖然麗蓉的成績一般，但學校生活適應還不錯，沒有惹出大麻煩。

在個人輔導上，首要改善麗蓉的自我對話方式，鼓勵她健康的情緒表達和正面的自我感覺。**正面積極的自我對話可調整個人的想法、情緒和行為，透過健康自我形象和自我提醒方式，處理成長過程中的負面經驗，改進其自我控制能力。**

父母協作多以肯定態度和獎勵女兒的努力和進步，逐漸建立她積極正向的自我概念。幸好，近半年爸爸開工日數多，收入穩定和增加，父母能在假日安排一家人外出活動，擴展女兒的生活體驗，使生活中的學習變得有趣。事實上，他們的家庭資源不足，我鼓勵父母正視麗蓉的特殊教育需要和支援，尋找家庭以外的教育支援服務，為女兒的心智發展尋獲適切的幫助。

麗蓉個案的治療重點

1. 在生活中收集子女的「專注力不足 / 過度活躍」的行為紀錄。
2. 父母不要老把焦點放在麗蓉的行為問題及不愉快的經驗上，而以新的角度了解女兒的心智發展需要，拉近夫妻對女兒的管教方式。
3. 臨牀治療介入：協助父母建立對麗蓉的自我規範，養成良好的起居生活習慣，有明確的時間安排。
4. 個人心理支援：善用「好動」孩子的特質，滿足他們對「物」和「動」的興趣和需要，建立紀律生活，促進自我管理能力的發展。
5. 家庭心理教育：正視麗蓉需要透過「動」和「體驗」學習，表現她的特長技藝，以獲得成就感和認同感，逐漸建立良好自我概念和價值。
6. 家庭支援：鼓勵父母安排外出活動，擴展女兒生活的體驗，使學習變得有趣。同時改善家庭成員及孩子的自我對話方式，鼓勵他們表達正面的自我感覺。

4. 張家的故事：我的獨子抑鬱了

「兒子經常面帶愁容，又無動力，但我怎也不相信他會抑鬱！」

志華身形瘦削，個子不高。説話時聲調柔弱，不敢抬頭直望對方，喜歡低頭玩手機，每次對話都是簡單一句回答，沒説太多話，很難與人打開話題，延續對話。

志華就讀偏遠屋邨中學二年級，自小學成績一直不理想，學習能力較弱。自中一暑假，志華不願跟父母多談，老是把自己鎖在房間內把玩手機。家中的電腦放在客廳，從菲傭口中獲知，當父母上班時，志華終日沉迷網絡遊戲，早午兩時段各玩三四小時，吃午飯時都呆在電視機前。暑假過後，志華回校上學，起初還可催促他起牀趕快上學，後來起牀時間延遲，父母叫他他不應，無奈又要趕時間上班，糾纏過後，兒子把被蒙過了頭，不理會他們。自此志華開始曠課的日子了。

媽媽曾經請假勸導兒子上課，嘗試於午飯後帶他回校，可是隔天早上情況又再出現，一家人為此不住爭吵及指罵。無論父母怎樣勸導或態度強硬，甚至要求班主任及社工家訪，志華都是迴避及不發一言，父母都感到無奈及徬徨。最終父母抵不過志華的消極對抗，唯有為兒子請假休學。

媽媽工作地點頗遠，每天很早離家上班，來回交通時間已近三小時，放工回家後仍要做飯，面對兒子的缺課，身心已覺疲累。爸爸是小型商場的維修保養員，須輪班工作，工時很長，與兒子的相處時間很少，他擔心兒子的情況惡化下去；無奈自己要先顧工作，可以為他做的事不多。

約一個月後，媽媽與兒子在「返學？唔返學！」的糾纏和爭吵下，都感到疲累和想放棄，經筆者的前個案家庭介紹下，她嘗試以電郵講述兒子的情況並尋求協助。

逃避的兒子

首次家訪，媽媽擔心兒子拒絕會見，又不知怎樣解釋筆者是誰，為何前來家訪。我鼓勵媽媽簡單交代及先跟兒子打招呼，若然兒子不出房間，也不用太擔心，讓我先了解家庭狀況和聽聽父母的困難和心聲。因要遷就父親的當值時間，首次見面推遲了個多星期。

會面當日是星期五晚上，志華如常沒有上課，把自己困在房間內。媽媽說：「幸好，以前為方便照顧，兒子的房門設計成不能反鎖，我們可以隨時入內找他。」

爸爸又說：「這兩房單位這麼細，我們高聲談話，他可以聽到，他不出來，就由得他。」

我刻意提高聲調：「志華，你好！我是 Dr. Law，今天媽媽邀請我來探望你們，跟你打聲招呼。」

媽媽眼望房門，看看兒子有沒有反應，便接着說：「他不想上學，又不肯說發生了什麼事，這個年紀怎可以不上學？我夫婦倆很早要上班，根本無法照料他。我在公司擔心兒子出事，怎可以整日困在房間內打機？你要媽媽怎樣做呀？」這時大家靜下來，爸爸在門邊窺見志華坐在牀角，無聊地把玩手機，仍不願出來。

當時爸爸本想推開門入房抓他出來，但被媽媽阻止：「你叫他他不理會，無謂父子又吵架！」爸爸沒有作聲，大家沉靜片刻。

雖然居所面積細小，但佈置美觀整潔，組合櫃內放置幾張家庭旅行照，我問父母：「相片拍得很美，這個是志華？在哪裏拍？」

媽媽眼泛淚光向我說：「小學時他很喜歡上學，也經常要我帶他去街，上館子他就最開心。我見他上中學後就很不開心，拉他出去吃飯，他寧願要我買飯帶回家給他。」媽媽繼續説：「他的小學同學都升上心儀的中學，他卻獨自被派到跨區的中學，覺得沒有朋友。他被同學取笑是『排骨』，被人擲粉筆還笑他『骨精』。我嘗試開解他及勸勉他跟新同學好好相處，但他説我不明白他。」

爸爸回應：「兒子怕事又膽小，讀書成績差，又被你寵壞，今天才變成這個樣子！」

媽媽抱怨説：「兒子有事，你只會指責我教不好，你怎當爸爸？你怎幫他？你又明白兒子多少？」

爸爸直望太太，再望向我，便沒有再爭辯了。

「你唔明白我」

父母面對志華的困境，束手無策。志華仍不發一言，坐在牀邊，偶爾轉頭回望，聽聽父母的對話。雖然我未能直接與志華對話，但仍可望見他，他安坐牀緣觀察着父母親的反應，其實也在參與家庭對話。

總結第一次家訪對話，媽媽留意到兒子經常面帶愁容，負面説話常掛嘴邊，覺得自己身形外貌都被人取笑，成績怎樣讀也不會好。每天放學就立刻回家躲在房間，不願意多説話，很少與爸媽閒話家常。當晚志華雖然沒有參與家庭交談，但他沒有把門關上，一直留意我們的對話。完結後，筆者向他道別前，相約兩星期內再來探訪他，他沒有反對，站在房門目送我離開。

初次家訪，筆者覺察到志華真的在意爸爸的反應，爸爸表面上對兒子體諒和接納，亦刻意表現關心，但父子間缺乏情感的聯繫。

當時，筆者儘量在情境對話的過程，蒐集三方面資料：

1. 志華的問題症狀；
2. 他現時接受的支援或服務；
3. 他的家庭關係及家庭生活狀況。

筆者嘗試了解志華是否因升中後遇上「適應性障礙」，在學校生活遇到心理衝擊、人際關係壓力或挫折，呈現焦慮或抑鬱情緒，影響他的日常生活和學習。

事實上，**個人在生活上遇到挫折或應激（Stress），容易出現情緒低落和抑鬱。這種抑鬱感隨着時間、事件過去或壓力源消退，便會漸漸消失。**可是抑鬱症帶來的情緒低落並不會隨着時間消退，更逐漸演變成嚴重的情緒低落，影響當事人的精神集中力及判斷力，認為自己無能，對生活沒有興趣。

正如志華對母親說「你唔明白我！」我們不易設身處地去感受案主的心靈孤寂和無奈。

情緒障礙

醫學上對抑鬱症的分類仍有不同爭議，但較為被廣泛的典型分類，包括單極化情緒病（Unipolar disorder）和雙極化情緒病（Bipolar disorder，躁鬱症）。輕抑鬱症（輕鬱症）和重抑鬱症是常見的單極化情緒病，患者病發時，情緒都很低落。相反，雙極化情緒病病發時，會出現階段性情緒低落（抑鬱症狀）與情緒高漲（躁症）。

根據統計，一般輕鬱症患者在青少年期間開始病發，但多數患者都沒有正視，以為情緒低落只是生活的一部分，延緩接受治療。其實輕鬱症，並不表示「輕」，它的專業名稱是「低落性情感疾患」，也被稱「慢性抑鬱症」。由於輕鬱症是長期和慢性的疾患，憂鬱情緒較心情正常的日子為多，持續了至少兩年。患者會出現以下六個症狀的其中兩個或以上，當中包括：

1. 失眠或過度睡眠；
2. 自我形象缺損及低落；
3. 容易感到疲累且缺乏活力；
4. 專注能力減退及決策判斷困難；
5. 沒有胃口或食量過大；
6. 對將來感覺灰暗或絕望。

抑鬱症成因

抑鬱症的成因頗為複雜，主要成因可分為：

1. 遺傳因素；
2. 生理因素；
3. 社會環境因素。

病發受三大因素相互影響。雖說抑鬱症可能來自遺傳，但並非必然。縱然父或母其中一位曾是抑鬱症患者，他們的子女亦非必然患病的。

事實上，青少年踏進青春期，生理因素影響他們情緒的調節。腦部活動的神經介質（Neurotransmitters），擔任腦細胞之間傳遞訊息的重要角色和功能，這數百種類及數目龐大的化學分子，影響腦細胞電流訊息的傳播和接收。

當中影響情緒的神經介質包括：

1. 五羥色胺（Serotonin）；
2. 去甲腎上腺素（Noradrenaline）；
3. 多巴胺（Dopamine）。

如果這三種神經介質之間出現不平衡，會使患者情緒低落及思想緩慢。在正常情況下，神經介質之間互動和活動正常；當受到環境壓力或逆境挫折時，神經介質活動失去平衡，容易出現抑鬱症狀。不是每個人經歷壓力之後必然患上抑鬱症，而抑鬱症與壓力未必有直接關係，但當個人經歷困難和壓力超越個人所能承受的，才間接引發抑鬱症，亦可會患上焦慮症、高血壓和胃病症狀。

走進家庭的診斷

第二次家訪前，父母對志華可能患上輕抑鬱症感到不安，對於遺傳因素致病更感到困惑，他們都說自己沒有抑鬱，並笑說「自己得閒死唔得閒病。」想單獨約見筆者了解發生什麼事。

志華父母認為兒子性格害羞，擔心他的性格累事。因應個人的性格不同，某些特質如要求過高、過分憂慮、悲觀負面、自我批判、缺乏安全感、做事欠彈性等，都較容易患上抑鬱症。

筆者進行的家庭心理支援模式，幫助家人認識抑鬱症，透過促進家庭成員間對話，協助兒童和青少年解決情緒和行為問題，重整家庭整體的健康。

但我仍考慮當事人的生理和心理因素的交互作用，檢視他的身體狀況及生理疾病，他是否甲狀腺內分泌失調？曾否服用藥物？是否缺乏維他命 B1 及 B2 ？是否缺乏礦物質，尤其是缺鐵性貧血？是否患有自身免疫失調病？導致情緒調整機制失去平衡，間接產生抑鬱症，這些情況下必須鼓勵患者尋找醫生治療。

志華父母擔心精神科藥物影響兒子腦部發展，為了讓他們明白抗抑鬱藥有助治療抑鬱症，並非如他們誤解的醫治精神病，筆者鼓勵家長先陪同兒子尋求醫生的診斷，如真的需要服用藥物，這也有助減輕抑鬱的情緒，亦可助服用者減少焦慮和失眠。

治療抑鬱症

抑鬱症是大腦神經介質失去平衡，影響情緒的神經介質，包括：五羥色胺、去甲腎上腺素及多巴胺。

新一代抗抑鬱藥的效用是促使腦細胞神經介質的化學作用恢復平衡正常。醫生普遍使用百憂解（Prozac）、克憂果（Seroxat）、樂復得（Zoloft）及喜普妙（Cipram）等藥類，屬於五羥色胺再攝取抑制劑（Selective Serotonin Reuptake Inhibitor，SSRI）。

服用 SSRI 後會出現口乾、便秘及排尿困難等副作用，不過只有少數患者服用後可能出現短暫而輕微的嘔吐、輕微口乾、冒汗、腸胃不適等。

另外，藥物配方「三環抗鬱劑」的丙咪嗪（Imipramine）對輕抑鬱症療效較佳；其他還有多慮平（Doxepin）、阿米替林（Amitriptyline）、三甲苯咪嗪（Trimipramine）及 Dothiepin 等。以上這組類別「三環抗鬱劑」可能會引起暈眩、體重增加、心跳及昏昏入睡的副作用。

近年新抗抑鬱劑 Nefazadone、Venlafaxine 及米氮平（Mirtazapine）等亦見流通使用，特別是 Aurorix 有助減輕「多焦慮症狀的抑鬱症」對身體機能失調的影響。

為何我長得這麼矮？

在進行第二次家訪時，媽媽特意安排在晚飯時間，志華坐在父母身邊。志華雖不多言，但沒有抗拒逃避，我們一起食晚飯，閒話家常。閒談間，媽媽提及志華曾向她投訴被同學欺負，問：「我點解生得咁矮小，不像人家那麼高大，矮細男仔被人玩。」志華望望媽媽，欲語還休，筆者鼓勵他說：「你覺得自己生得矮小，所以被人欺負，可講多些，讓我們明白你！」

志華頓了一頓，斷斷續續、一小句一小句說出，同學走近他，借意要幫他量度高度，強將他抽起，身體離地，拉他的腳和褲子，不少同學圍觀，並笑稱有助他增高！

他轉眼望着我，我點頭示意，他繼續小聲說：「小息時，我伏在書桌休息，他們會走近我，突然大聲叫我馬騮仔，拍打我的頭，說要叫醒我上課。」

筆者看見他眼望前方、呼了口氣，沉思在過去的情境中。爸爸見狀本想心急地說教，我示意爸爸給兒子時間，慢慢說出他經歷的事，並鼓勵爸爸對兒子說：「爸爸聽到和知道你經歷的事，你慢慢說出來，爸媽會明白和幫助你。」

雖然父母對孩子為何受欺凌持不同意見，但面談過程，我鼓勵各人保持對當事人的尊重，並考慮以「不知道」的視角位置（not knowing position），用心聆聽當事人未能說出的故事。事實上，案主說出來時會感到羞恥和恐懼不安。

相關的焦慮症狀，還包括躲避和退縮，人際關係壓力和社交孤立，這是大腦的化學分泌影響神經傳導素和其他化學訊息，以紓解身體的壓力反應。

校園欺凌的傷害

校園欺凌是青少年普遍遇到的事，被欺凌對象會受到肢體欺凌，如掌摑、拳打腳踢、借故碰撞或撫弄身體的敏感部位等；言語欺凌則以嘲諷身形外貌、戲弄整蠱、譏笑改花名、說猥褻或淫穢的話、刻意排擠和杯葛等。

校園欺凌持續出現，對案主的身心損害甚大。研究顯示，兒童或青少年若面對持續和反復出現的壓力，他們的大腦化學分泌和功能將會改變，導致個人的記憶力和專注力受損，降低身體免疫系統能力，無法保護他們免於心理焦慮、憂慮和壓力等難受的感覺。不是每位抑鬱症患者都會出現所有症狀，但人際關係壓力、孤立和挫折會對孩童造成巨大的心理負荷，家長須留意子女是否出現：

1. 對過去令他開心的人或活動失去興趣；
2. 自我價值低落；
3. 躲避家人和朋友；
4. 體重減少或增加；
5. 難於入睡或睡得太多；
6. 過度罪惡感；

7. 自我價值低落；
8. 自責無望、無能為力。

從過往的臨牀經驗發現，學生欺凌和被欺凌事件持續發生，導致當事人出現情緒疾患，其中可能涉及家庭功能及家庭關係等問題，為案主帶來應對人際關係衝突的壓力，也缺乏應對的資源。

讓我們彼此聆聽

及後數次的家庭探訪，志華慢慢透露自己的想法及感受，筆者從情景的視角，讓父母與志華探索個人與家庭和學校生活的互動和關係，最重要是開啟家庭成員的真誠對話，促進父子之間的傾聽和明白。**這種學習傾聽和情感聯繫，讓家庭成員清楚表達自己的想法和感受，互相了解，減低各人的錯誤感知或不合理的擔心憂慮。**這也是在臨牀治療和家庭支援過程中，促進心理健康教育的一環。

與家庭同行，筆者提點父母，幫助子女但不要命令他；在他有需要時給予正面回饋、合宜鼓勵；回饋是參照他的行為而不是依據別人的期待或投射。**雖然我們是孩子的守護人和輔助者，給予他情感的支持，接納他的困擾，但他才是療癒的主角，我們只要在康復過程中攜手前行！**

變得強壯了

經過數次家訪，志華雖仍未定時回校上課，但他願與父母多交談。雖然話題不外乎打機和手遊，但從他們的交談中，明顯感受各人的壓力和衝突減輕了，家庭氣氛輕鬆之餘，夫妻之間也不再因兒子出問題而互相指責。志華在會談中與父母坐在一起，亦說出幾句有關自己生活的事，筆者轉頭問爸爸：「我留意到志華比從前開心了，樂意告訴我們他的事，爸爸看見兒子的進步嗎？」

父母親刻意點頭說「是」，爸爸答道：「沒錯，爸媽都知道志華的努力和進步。他還問我有沒有什麼食療，幫助身體長高，體格變強！」

筆者好奇問：「是啊，是有辦法的！不如爸媽和志華一起想辦法。爸爸少年時，怎樣增高，變得強壯呢？」

爸爸醒目地回答：「我喜歡打籃球及跑步，中二開始增高了很多。」

媽媽急不及待插嘴說：「你多吃蛋白質食物，操練肌肉，長得結實，看起來就會大隻！」

筆者即時贊成：「志華，做運動和鍛煉身體必可幫助你快高長大！你想幾時開始呀？」

雖然志華沒有立刻回答，但他似乎等待答案。爸爸見狀，主動問他：「不如見完羅博士後，我們一起做運動。」

志華沒表示反對，媽媽答：「做完運動回來，我煮好菜給你和爸！」

父母子逐漸變得主動，筆者讓他們自行商量如何強健身體。父親主動在公餘時陪志華跑步，一家人趁假日騎單車往郊野遊玩。媽媽報名參加本地遊活動，讓家庭生活變得朝氣和活力，增進親子感情。

學會解決問題

筆者亦採用「人在環境中」的視野，尋找和建立志華的社交能力和參與校園課外活動的途徑。除了動用家庭與社區資源外，也提升志華個人應對壓力的能力。他過往的應對方式多以情緒取向，把自己沉溺在問題裏，墮入挫折、憤怒和無能的感覺中；當壓力源長期存在，甚至超越個人的資源和能力時，只能以逃避和退縮應對，損害心理健康。

在個人輔導上，心理健康教育協助志華認知自己的不良應對方式，運用情境性對話和新的行為選擇，促使志華學習問題解決應對策略，積極處理困難；試着依據真實狀況看待事件，而非憑藉不講理的情緒，尋找合理的解決問題方法。志華積極用心地改變和成長，但他偶爾仍會陷入負面思維和狀態中，出現自責和挫折罪惡感的宣洩行為。

父母多了解情緒病的因由，學習聆聽而不急於說出個人意見和批評，減少了不必要的責備，重整家庭互信關係，滿足兒子在成長路上的情感需要。志華配合醫生的藥物處方，定時服藥。隨着父母的努力和家庭健康功能提升，志華減低他不自覺地以退行和逃避的負面防衛機制來舒緩焦慮和保護自我。志華得到醫生、家長、老師和親人的愛護和支持，在藥物和心理治療雙管輔助下，踏上康復治癒之路，慢慢適應了中學生活。

人生總會遇到不同考驗和起跌，我們無可能消除生活裏的壓力，但教導和培育子女怎樣面對壓力，正確應對和行動，改變自我挫敗的想法，增強個人的抗逆力，亦是筆者陪伴志華成長的目標。子女的成長路漫長，根本沒有什麼的靈丹妙藥，可以百分百及一次性解決子女成長的問題。請父母關心及重視子女的品格和生活品質，抗衡社會扭曲的生活價值、似是疑非的行為態度。在他們成長的路途上，建立良好生活態度和習慣，陪伴他們一起走過這人生階段的磨練，打造美好生命的基礎。

志華個案的治療重點

1. 跟進志華個案前，認知拒絕上學的個案性質及其家庭和學校的生活經驗。
2. 家庭面談：照顧父母對兒子可能患上輕抑鬱症感到不安，加強他們對抑鬱症的認知，及澄清對精神科藥物使用的誤解。
3. 個人心理支援：了解志華的病識感及對自己出現情緒疾患的想法，關注他的家庭功能及家庭關係問題外，探索影響他應對人際關係衝突的壓力和資源。
4. 臨牀介入：志華要配合醫生的藥物處方，定時服藥，減輕抑鬱症症狀的影響；同時重整家庭的互信關係，滿足孩子在成長路上的情感需要。
5. 心理健康教育：協助孩子認知自己的不良應對方式。運用情境性對話和新行為的選擇，促使他學習新的問題應對策略，試着依據真實狀況看待事件，尋找解決問題的合理方法，而不再倚賴不講理的情緒表達。
6. 促進家庭支援：父母教導和培育孩子面對壓力的正確應對方式和行動，改變自我挫敗的想法，增強個人抗逆力。

5. 李家的故事：我成長的快樂歲月

「我總有好多疑問：為何我的眼睛會流出水來？為何我總不明白別人在説什麼？為何他們老要纏着我，我只要獨個兒！」

筆者的心理支援強調拓展家庭經驗中不同生活的可能，跳出個人狹窄的視野，突破舊有僵化及不良慣性的應對方法，相信家庭成員的自發改變，嘗試尋找解決問題的不同策略。與家庭同行，筆者不會只看表徵問題，唯協助孩子把自己的故事説出來，把問題轉化成促進求助家庭自我改變和拓寬視野的起點和重要過程。

這個故事，是**筆者特意邀請樂樂和媽媽説出和寫下的**。樂樂是中度自閉症女孩，有閱讀理解困難和情緒問題，究竟她怎樣看世界及理解自己的經歷呢？筆者的臨牀工作，是要讓家庭從各自不同的角度把故事説出來，而説故事本身就是一個具治療價值的過程。

這是蛋糕不是箱子

我是樂樂，今年九歲，讀小學四年級。小時候媽媽常說我是爸爸的生日禮物，因為我的生日剛好在爸爸生日的前一天，也是這個家最特別的禮物。

説真的，我也覺得自己有些特別，和其他小朋友比起來有些不一樣，不知道是好事還是壞事。記得大約三歲的時候，鄰家的男孩和媽媽到我家玩，玩着玩着那個男生就説：「這是一個蛋糕，這塊蛋糕給你吃……」，但那裏沒有蛋糕，只有一個裝玩具的箱子，我便對那個男生説：「那是箱子不是蛋糕」，怎料他又再一次指着箱子説是蛋糕，還問我蛋糕好不好吃，但是根本就沒有蛋糕，於是，只有一個玩具箱，於是我們就「這是蛋糕」、「這不是蛋糕是玩具箱」、「這是蛋糕」、「這不是蛋糕是玩具箱」……這樣他一句我一句説着，最後那個男生就哭着對他媽媽説我不會玩，我不會假裝那個玩具箱是蛋糕。我不懂，玩具箱就是玩具箱，不是蛋糕，我沒有説錯，他為什麼要哭呢？至今我仍不明白。

如果你問我喜歡小學還是幼稚園的生活，我會説我喜歡小學，不喜歡幼稚園。我對幼稚園唯一印象就是排隊，排隊上校車、排隊搭電梯、排隊進教室、排隊上廁所。我喜歡排隊。剛上幼稚園時，我喜歡上學，放學回家後我會學老師指揮排隊的樣子，我會模仿老師説話叫我們排隊的模樣，這些都讓我覺得很有趣。不過，不久我就發現排隊不是一件很有趣的事情；在幼稚園上學時有茶點時間，有時茶點過後我們要到另一間教室上課，K1 那年的班老師就會在茶點時間後要我們趕快排隊，我知道老師要我趕快把水喝完、把點心吃完，但我就是快不了。老師走到我面前拿走我的杯子和茶點時，我真的接受不了，我説不出是什麼樣的感覺，老師叫我不要哭，但是我停不下來，我就只是想哭。

茶點事件以後老師和媽媽説了好多話，我知道他們在説我，但是我聽不懂他們在説什麼。回家以後媽媽跟我説不要什麼事都「哭」，要用説的，説出來老師才能幫助我，「哭」解決不了問題。

關於「哭」這件事情真的很困擾我，即使是現在仍然如此。大概是 K1 至 K2 這段時間，媽媽要我八點鐘上牀睡覺，我乖乖聽話，但是一閉上眼睛就想起今天發生的所有事情，想起媽媽跟我説的故事，想起在學校玩的遊戲，想到好多好多事。有時候我會在半夜醒來，醒來的時候都是在媽媽懷裏，聽見媽媽對我説不要哭、不要哭。媽媽問我是不是做噩夢？夢見什麼？害怕什麼？但我真不知道什麼是做夢，不知道為什麼哭，更不知道自己發生了什麼事。

警察會上門抓我？

那段時間有幾次尿牀，媽媽說我可能是想上廁所，於是要我在上牀前先去小便。但是情況並沒有改善，我仍然在半夜四點左右大哭，邊睡邊哭，醒來還是在哭。第二天早上媽媽問我為什麼哭，我又想不起到底發生什麼事。就這樣過了大概一年，媽媽不再抱我，只是坐在一旁等我哭完才去睡。

記得有一個晚上，我哭得從牀上掉下來，而且還尿牀，我不知道該怎麼辦，躺在地上繼續大哭，媽媽粗暴地把我從地上拉起來，很大聲對我說話，她要我自己換褲子，她說她好累。就在這時家裏的電話響起，是屋苑的看更打來，只見媽媽低聲講話，不停地說「對唔住」、「對唔住」。掛掉電話後媽媽對我說看更說要報警，等一下就會有警察來家裏看看是哪個壞媽媽讓小孩每天大哭。

聽媽媽這麼一說，我有點擔心了，因為從來沒有警察上門。我漸漸安靜下來，雙手抱在胸前等警察上門，我等了又等，等了又等，卻不見任何人來家裏，我問媽媽是不是真的有警察要來？他們來做什麼？他們會把我帶走嗎？媽媽不再理會我。後來媽媽和弟弟都睡了，那天晚上只剩我一個人在等警察，事實上那次以後我都沒見過警察來我家，我曾問媽媽不是有警察上門嗎？怎麼從沒見過呢？媽媽似乎不喜歡這個問題，每次聽到這個問題又開始大聲說話，我不知道她為什麼突然大聲說話，我只知道媽媽根本是騙我的。

雖然我的幼稚園時期飽受半夜驚醒和莫名其妙的「哭」困擾，不過那時我認識了一個朋友，她是個大姊姊，叫做「艾拉」。艾拉姊姊住在我家附近，我會和她聊天、玩耍，可惜每次她來家裏玩的時候媽媽都不在家，或者艾拉姊姊剛走媽媽就回家。

有一次爸媽帶我和弟弟回台灣，弟弟那年兩歲多，我四歲，我們和表哥表妹一起去散步。不過那天我心情很不好，那個地方好多人，我很不舒服，而且我一直找不到艾拉姊姊。當下我真的很不開心，又說不上到底發生什麼事，媽媽又說我哭了，叫我不要哭，我實在受不了，只好抱着弟弟大哭，邊哭邊說：「我跟艾拉姊姊約好一起來台灣，但是這幾天我都找不到她，她到底去了哪裏？她不知道婆婆家在哪裏？她會不會迷路了？」那一次旅行是我最不開心的一次。

艾拉姊姊到底是誰其實我已經想不起，只記得那次去台灣的事情，直到現在我也想不起艾拉姊姊的樣子，我想真的忘了這個朋友。

我當小組長了

上了小學以後，說實話，也不是真的那麼快樂。只有小學一年級的時候比較快樂，老師着我幫忙收作業，讓我當小組長。我最喜歡上中文課，中文老師和我一樣說普通話，而且她的普通話聽起來很奇怪，很好笑，這麼好笑的普通話讓我覺得她是一個很有趣的老師，怎麼會有人講普通話的聲音那麼好笑的呢！

一年級的時候我是班上的英文小老師，還是個組長，我參加了學校的普通話故事比賽，還拿到第二名呢，這些都是讓我開心的事。一年級唯一比較麻煩的是我的同學小金，她不只是我的同班同學，還是我的鄰居，我們一起上課下課，每次小息時，我都希望和她在一起。但是她太忙了，忙着和其他朋友一起玩，常忘記我們約好了一起小息。我不喜歡太多人在一起，有小金陪我就好了，希望小金每天都可以陪我，這樣我就不用找人一起小息了，找人一起小息真的很麻煩。

我很喜歡小學一年級的日子，只是暑假開始，我就在補習班補習，媽媽說因為我會的中文字不多，所以要去補習。一年級升二年級的暑假好長，除了補習，幾乎都在家裏，哪裏也不去，不過我喜歡這樣的生活，就跟平時上學一樣。我也喜歡到補習班做題目，因為補習班老師會陪我一起讀題目，就算有不會的字也會教我，和學校的老師不一樣。

害怕寫中文作業

開學了，我的好日子也過完了。我原本在A班，二年級轉到B班，我只認識幾個同學，其他的我都只是見過面，不知道他們的名字，更沒說過話。二年級的功課很多，我最不喜歡就是抄寫中文功課，幾乎每天寫中文作業時我都會被媽媽罵，媽媽大吼大叫，而我開始害怕寫中文作業。最不喜歡當然是中文課，我不懂老師在說什麼，應該是說，就算我聽懂老師的話，我也不懂課文在寫什麼，我永遠無法讀字，就算每個字我都認識也不明白意思。

記得我一開始就說我很特別？告訴你，我的答案總是跟別人不一樣，例如老師說今天的天空是藍色，代表天氣如何？我不懂藍色的天空跟天氣有什麼關係？但是大家都知道那代表晴天，只有我一個人不知道，老師說我不用心、不思考、懶惰。那時候的我覺得自己比大多數人都要笨，即使從暑假開始努力學中文，但是成績卻沒有進步，無論我怎麼努力都無法及格，除了比別人笨以外我找不到任何原因。我知道我比別人笨，每次做功課被罵的時候我就會跟媽媽說，我比別人笨，沒救了。

視藝剪貼簿的意外

二年級，有一次我把同學的視藝剪貼簿撕破了，因為她用漿糊筆塗髒了她的桌子，還弄髒了我的桌子，我說不喜歡她這樣，說了一次、再說一次，後來我就撕了她的剪貼簿。一切是那麼自然地發生。事發當天還發生了另一件事，我明明交了作業本但是組長卻說我沒交，後來我發現有本作業本在我的桌子底下，應該是我的，但是作業本上寫的不是我的名字，不……我確定有帶作業本，那就是我的，於是我把作業本上的名字擦掉改成我的名字，我有帶作業本，這本作業本又在我的桌底下發現，當然是我的。後來老師說那作業本不是我的，是某某同學的，他們說我貪圖別人的作業分數比較高，所以才偷別人的作業本改名字。

當天放學媽媽來接我時，老師把我們留在校園裏談話，老師和媽媽坐在一起，我坐在另一張桌子，離媽媽和老師不遠，老師正正坐在我和媽媽中間，有好幾次我只看見老師的背影，看不到媽媽。老師和媽媽談完後媽媽問我會不會害怕，我說不會。回家後媽媽要我畫一張畫，我就跟平常一樣畫了一隻小兔，小兔的心裏有顆紅石頭，小兔的旁邊還有許多煙花，紅色的煙花。媽媽說這幅畫很漂亮，要我送給她，好啊！

這件事並沒有因為一幅畫而結束，幾天後，老師說找到我的作業本，老師問我是不是害怕沒有交作業被處罰才拿人家的作業本？我完全聽不懂老師在說什麼，我的意思是，我聽得懂老師說的每個字，但是我不懂老師的意思，老師問我的時候我不知道，該怎麼回答，我只說「不是」。那天放學後媽媽說要帶我去吃下午茶，只有我和她的約會，我很高興。媽媽跟我提起撕破同學剪貼簿的事，也跟我說了作業本的事，我就跟媽媽說我聽不懂老師的意思，我只以為那在我桌子底下的應該是我的作業本，我不知道還能說什麼，我一直重複這句話，直到媽媽不再問，我們回家了。

有一天媽媽從圖書館借來一本書，關於一個小女生在學校的故事，那個小女生唸四年級，媽媽唸着書上的字，我在旁邊聽着。媽媽說這個小女孩不喜歡閱讀，不是因為不喜歡故事，而是每次看着一行一行的字，那些字好像在跳舞，就算指着字一個字一個字在讀，也總是跳字或跳行或者跳字又跳行，就算是學過的字卻一直想不起怎麼讀……還沒聽媽媽說完整個故事，我忍不住對媽媽說，為何那個小女孩那麼像我啊？那一刻，媽媽突然把我抱得好緊好緊，但故事還沒說完，我問媽媽小女孩後來怎麼了？為什麼她會這樣跳字跳行閱讀？我這才發現媽媽在哭，媽媽說那個小女孩有「閱讀障礙」，所以讀起字來特別辛苦。我聽不懂，我追問什麼是閱讀障礙？我也是嗎？媽媽説不管是不是，媽媽都會陪我一起學習。聽完這個故事以後，媽媽真的陪我一起做功課，一起溫習，但是我的成績還是沒有進步，每當考完試發了考卷以後，媽媽就忘了當初承諾我的話，如果我提醒媽媽她的承諾，媽媽會大吼大叫。

媽媽，我怕你大吼大叫

每次媽媽對我大吼大叫我都很害怕，更害怕的是媽媽問我問題，媽媽常問我為什麼在哭？問我知不知道媽媽在生氣，問我為什麼不懂她的愛，這些問題我都不知道該怎麼回答。有一次媽媽問我為什麼在哭，我回答我沒有哭，媽媽生氣地把我拉到廁所鏡子前，我才發現原來我的臉濕濕的，眼睛有水跑出來，可是我控制不了自己。我跟媽媽説，每當鼻子噴出熱氣我就會發脾氣大哭，我控制不了自己，控制不了自己。媽媽常問我知不知道她在生氣，唉！如果她説她在生氣就生氣吧！我只知道我很害怕，而且每次大哭就好累，很多時候我都忘了自己為什麼哭，媽媽為什麼大吼大叫，媽媽又説她在生氣，我什麼都不知道，我只想睡覺、睡覺、睡覺。

二年級是我最不快樂的一年，我只能用「不知道」這三個字來總結，不知道老師在說什麼，不知道媽媽為什麼大吼大叫，只知道媽媽大吼大叫我就覺得很害怕，我不知道別人要我做什麼？我又要做什麼？這是個不知道的一年。

喜歡回到台灣外婆的家

二年級升三年級的暑假是一段開心的日子，媽媽帶着我和弟弟回台灣外婆家玩，我喜歡台灣，喜歡在台灣的媽媽，更喜歡媽媽跟老師說不回學校拿成績單，這是我親耳聽到媽媽跟老師說的喔！

我們在台灣最常做的事情就是畫畫。有次媽媽要我和弟弟、表哥、表妹畫一張畫，主題是我的家。當我畫完以後弟弟大叫「為什麼沒有我，姊姊每次畫圖都沒有畫我」，我也不知道為什麼沒有畫弟弟，好像真的每次都沒有畫他，我真的忘了畫他啊！我只畫了爸爸、媽媽和我。那一次以後每次畫有關家人的圖畫，我還是忘了畫弟弟，我不是故意的，只是忘記畫弟弟而已。

三年級是我最快樂的一年，雖然從 B 班轉到 C 班，但是大多數的同學我都認識，而且知道他們的名字也跟他們説過話，他們很有趣。有一次我參加普通話説故事比賽，當我上台時全班都站起來為我拍手，有人大聲歡呼我的名字，還有個同學怕我忘了台詞，拿着故事書翻頁給我看，他們好好笑喔！我喜歡跟他們在一起。

雖然我喜歡和他們在一起，但不是每個人都喜歡我。有次我把某個同學的糖果丟到垃圾桶，她説了讓我生氣的話，我告訴她我生氣了，但是她不理我，我説我要把她的糖果丟到垃圾桶，她説「好啊！」於是我丟了。後來同學説她的糖果不見了，説是我偷的，老師問話，我説「沒有」，老師還搜我的書包，我不知道她為什麼要這麼做，我真的沒有偷她的糖。那天的最後一堂課，老師把我叫到辦公室，還有英文老師在場，老師在談話之前先為我禱告，這是我第一次在學校禱告。我只記得老師的禱告裏提到，每個人都有做錯的時候……後來我跟老師説我沒有「偷」，我把糖果「丟」掉，我跟同學説過「我要把妳的糖果丟掉」，是同學説「好」，我就這麼做了，而且我當時很生氣。老師聽完後説她不覺得我在生氣，其他同學也沒有人發現我有什麼不同，老師還説我怎麼會這樣想事情，難怪我會沒朋友。但是我有朋友啊！全班都是我朋友啊！只是我有時不喜歡跟他們一起玩，尤其是小息的時候。

我真的不太喜歡小息

說到小息，我真的不太喜歡，每個人都有朋友，而我常常一個人。這讓我擔心，我也曾經和其他同學一起，但是他們最後都離開我和別人一起玩。有一次小息，有男同學在男廁玩水，副校長看見了要我和另一個女同學守着男廁，不要讓男生進去玩水，我和同學乖乖聽話。從此之後，每天小息我就去守着廁所不讓別人進去玩水。一連兩三個星期以後，媽媽要我去問副校長是不是每天都要去守着男廁，副校長回答「隨便你」，所以我還是每天都到廁所門口守着。其實我喜歡在小息的時候守廁所，這樣就不用去找人陪我小息啦！就這樣小息守廁所快兩個月了，媽媽再次問學校老師，原來副校長當初只是隨口說說，叫我不用再去守廁所。唉！真可惜，我多希望每天小息可以去守廁所。

三年級的媽媽比較不一樣，不再像二年級一樣要我補習、學習、溫書，三年級開學沒多久，媽媽開始帶着我和弟弟去社區中心說故事。剛開始我不是很習慣一大羣人圍着媽媽聽故事，我一直遠遠看着，後來媽媽說我可以替她拍照，這讓我舒服多了。從此以後，媽媽說故事的時候，我就負責替媽媽拍照，如果有好玩的遊戲我也會一起玩，但是我還是喜歡在一旁觀察別人在做什麼，觀察媽媽的表情，替媽媽拍照。每次媽媽說完故事以後就會和我一起看相片，說說聽故事的那班小朋友當時的反應如何，這讓我覺得很好玩。

有個星期日下午，從外面回家後，我發現一件粉紅背心不見了，估計是掉在市中心商場的廁所，一定是上完廁所後忘了拿，我急得猛跳。媽媽馬上跟我說她會陪我去找，不用擔心。於是我們去了商場廁所找那件粉紅外套，還好找到了，我和媽媽都鬆了一口氣，媽媽說請我去吃壽司，真是太開心了。

不知道別人為什麼笑

我最喜歡和媽媽單獨在一起。吃壽司的時候我想起一件二年級發生的事。我跟媽媽說，二年級有位大哥哥常在廁所門口等我，他說如果我回家做功課的話就要殺死我。我知道那是不可能的，那個大哥哥根本不知道我們家在哪裏，他根本找不到我，就算在學校遇到，他也不知道我有沒有做功課，就算他在學校看到我有做功課，我也可以跟他說是在校車上做的啊！如果他真的要殺我，學校也有老師、有風紀、有同學看到，他殺不到我的。有時不只那個大哥哥在等我，還有另一個大哥哥，他們看見我就笑，我覺得他們在笑我，但不知道他們在笑什麼。媽媽聽完以後抱抱我，問我當時怕不怕？怎麼二年級時沒聽我說過，我跟媽媽說了，我不怕，因為那個大哥哥一定殺不了我，我只是不知道他們在笑什麼，我不喜歡他們笑我。

我常不知道別人為什麼笑，他們在笑什麼，為什麼對我笑，有什麼好笑的，我甚至不明白別人的行為，為什麼要這樣做、為什麼要那樣做。就像有一次我生日，我已經準備給每個人兩顆糖果，每個人都會有，我已經算好了。可是同學竟然跪在地上求我給他糖吃，有同學更把我的名字寫在黑板上跟我說他想要糖，這些都好奇怪，我已經說了每個人都有糖，不是嗎？為什麼他們要這麼做？

回到家以後我把這些事情告訴媽媽，媽媽跟我解釋同學是在跟我玩，用一種誇張的方法跟我玩，他們覺得這樣比較有趣；我說我不喜歡，亂七八糟，我不喜歡這樣玩，我覺得他們很奇怪。不過我喜歡媽媽向我解釋，因為我開始不喜歡「不知道」，這一年是解決「不知道」的一年，我開始想知道別人的想法、別人為什麼要這麼做，我把所有的「不知道」都對媽媽說，有時候得到答案，有時候得不到答案，我喜歡知道原因，每件事情都應該有個原因。

後來媽媽帶我去上一個課程，媽媽說那是遊戲治療，可以幫助我了解自己，我喜歡在那裏上課，王老師教我玩波子棋，我很快就上手。除了波子棋，我們還玩西洋棋，老師說我學得很快，我還喜歡那裏的不倒翁，相信弟弟也會喜歡，我還問老師那個不倒翁在哪裏買的呢！這個課程以後我終於知道我會什麼了，我會下棋，而且我贏了很多同學喔！有時我們在學校玩波子棋，同學都想挑戰我，但是每次他們都輸，我很高興。我想起我的特別，或許，我真的很會下棋喔！我好想知道自己的特別是什麼。

你要生氣就生氣吧

三年級下學期，我們家有了些變化，爸爸要到台灣工作。雖然我們三個月前已經知道爸爸要去台灣，但是爸爸去機場的那天，我的眼睛突然生病了，有好多水從眼睛跑出來，我好害怕，我害怕得躲進房間用棉被蓋着頭，我生病了，一定病得很嚴重。我只准媽媽進來看我，我跟媽媽説我的眼睛病了。媽媽告訴我，眼睛沒有生病，是心裏不舒服，所以流眼淚，那些不是眼睛生病時流出來的淚水，是因為要跟爸爸分開，知道有段時間見不到爸爸感到傷心難過，當我們感到難過時就會自然的流眼淚。聽媽媽説完，我真的很難過，抱着媽媽哭，我不讓爸爸進房門，我只是抱着媽媽一直哭，原來這就是難過，是傷心，分離會讓我傷心大哭。我哭着睡了，醒來的時候爸爸已經到了台灣。

說到感覺，媽媽大吼大叫時最常問我的就是「你知道我在生氣嗎？你知道我為什麼生氣嗎？」有一次我真的受不了，我跟媽媽說「你說你在生氣就生氣吧，我只知道我很害怕、我很累，我要去睡覺了。」媽媽突然沒有再說話，沒有吼叫聲，家裏安靜下來，我不知道是什麼令媽媽停止吼叫，我不在乎，我只知道自己真的受不了這樣大聲吼叫的聲音，我要去睡覺了。

媽媽說我有亞氏保加症

三年級學期末，放暑假之前，媽媽帶我去見一位老師，後來才知道媽媽帶我去做評估，媽媽說我有亞氏保加症。媽媽說這不是病，只是每個人都有優點也有缺點，亞氏保加症的小朋友不懂得自己的「感覺」和「情緒」，不懂別人的表情代表什麼意思，有時不懂得別人說話的意思，或者常常心裏想的和說出來的意思不同。只要了解自己，了解別人，慢慢學習就好，難怪我常常這樣，心裏想的和說出來的不一樣，所以我說一句話要想很久，說出來後卻奇奇怪怪。有一次我說英文老師請我吃荷包蛋，爸爸媽媽驚訝的看着我，問我是熟的荷包蛋嗎？他們的問題好奇怪，媽媽一連問了我好幾次，是荷包蛋嗎？是真的蛋嗎？還是像荷包蛋的糖果？對對對，是荷包蛋糖，這時我才恍然大悟，我又說錯話了，這樣的事情經常發生。

其實我還是不懂亞氏保加症是什麼，不過我知道台灣台北市市長柯文哲和我一樣有亞氏保加症，這讓我比較放心，至少這個世界上不是只有我一個人有這個問題。

三年級升四年級的暑假，我們回台灣和爸爸在一起。我喜歡我們一家四口可以住在一起，我不喜歡只有媽媽、弟弟和我三個人在香港。在台灣的一個月，媽媽帶我學溜冰、學游泳，剛開始我不喜歡溜冰，因為我沒做過也沒見過，我不喜歡「不知道」的事情。到了溜冰場，穿上溜冰鞋，媽媽説我的平衡感好，把身體放輕鬆，輕輕的抬腳溜冰，滑出第一步就會知道我是屬於溜冰場的。果然，當我滑出一步，我太喜歡溜冰的感覺，第一次溜冰就愛上這項運動。我喜歡游泳，但更喜歡溜冰。這個暑假媽媽還帶我參加小阿姨的長笛演奏會，雖然我不太喜歡長笛的聲音，但是我喜歡音樂，喜歡聽音樂。

聽着小阿姨演奏長笛的旋律讓我的心情很平靜，很舒服，原來我喜歡這種沒有歌詞的音樂，而且我一直都喜歡音樂，只是我不知道。演奏會結束後我把自己的感覺告訴媽媽，媽媽説今天聽的是古典樂，聽音樂的時候我們的情緒會隨着音樂的旋律改變，媽媽説她也跟我一樣喜歡聽古典樂。

我的頭髮呀！

這個暑假我還做了一件事，就是上美髮院讓美髮師幫我剪頭髮，這是我第一次讓媽媽以外的人幫我剪頭髮，因為我不喜歡別人摸我或碰到我的身體。那一次是婆婆帶我、弟弟、表哥和表妹一起去剪頭髮，弟弟先剪，我好擔心弟弟的耳朵會被剪掉，所以我一直站在弟弟旁邊看着，接着是表哥，然後是表妹，最後才是我。輪到我坐上美髮師的椅子，我有點擔心，我從鏡子看到自己的樣子，我不習慣，我低着頭不看，聽到婆婆和美髮師在討論我的頭髮，美髮師説我的頭髮很細、很軟，髮質很好，但是這樣的頭髮很容易打結，我馬上想起媽媽常抱怨我的頭髮亂七八糟老是打結，原來是因為髮質的緣故啊。

每次梳頭髮遇到頭髮打結時，我好怕那種拉扯頭髮、拉扯頭皮的感覺，覺得好痛好痛，痛得我大哭大叫，媽媽都説我太誇張了，不過我真的很痛很痛。現在知道所有不好的感覺都是因為髮質，讓我鬆了一口氣。説着説着就剪完，我馬上跟媽媽説我的頭髮老是打結的原因，而且剪頭髮並沒有我想像中那麼可怕！

這個暑假是我最快樂的暑假，因為可以跟爸爸在一起，還有我知道我喜歡什麼、不喜歡什麼；我喜歡游泳、溜冰，我喜歡看台灣的政治節目，我不喜歡去沒到過的地方，不喜歡吃沒吃過的食物，我不喜歡別人大聲說話，不喜歡別人摸我。對了，我還不喜歡看電影，超討厭的。

與爸爸在一起了

離開台灣回到香港後，媽媽決定半年後我們回台灣跟爸爸一起住，這個消息讓我很高興。今年開學後我從 C 班轉到 D 班，我不喜歡換班級，不喜歡換老師，但是我改變不了。新的老師讓我期待又害怕。新老師是中文老師，她還指定我當中文小老師，讓我有更多機會跟她說話，我喜歡和老師談話多於和同學談話。這個學期我交了一個好朋友：曉晴，她坐在我旁邊，我們一起小息、一起上廁所、一起去圖書館看書，我們還一起參加學校「故事大姊姊」活動，我們一起說故事給低年級的小朋友聽，我喜歡和她在一起。

當她知道我要回台灣的時候，她說捨不得我走，她哭了，我不知道該怎麼辦。不過，我記得從台灣回香港要和爸爸分離的時候，我也說了捨不得爸爸。回家以後我把這件事情告訴媽媽，媽媽說同一件事情每個人會有不同感覺，同學因為你要離開捨不得你，就和你捨不得爸爸一樣，你可以想想有什麼方法安慰同學。聽完媽媽說，我決定做一張卡送給同學，媽媽還替我買一份小禮物送給曉晴。媽媽要我留意曉晴喜歡什麼東西、需要什麼東西，我確實發現曉晴需要一個功課袋，希望她喜歡我送給她的禮物。

弟弟，你好吵！

四年級以前我只有男生朋友，我覺得男生比較容易相處，比較容易一起玩。現在我有男生朋友，也有女生朋友，女生朋友也喜歡和我一起玩，有朋友的感覺很好。有一次唸二年級的弟弟來班上找我一起小息，我不想和弟弟一起，我不喜歡弟弟在學校找我，我有自己的朋友，我只想和同學一起小息。我叫弟弟走開，他還是跟着我，我還是叫弟弟走開，更推了他一下。旁邊的女同學曉妍突然抓着我弟弟要我趕快走，曉妍說她不會讓他接近我，我叫她閉嘴不要再說話了，我沒有再理弟弟和曉妍，快快地走開了。回家以後我覺得怪怪的，弟弟不跟我玩、不跟我講話，弟弟也不寫功課，讓我很生氣。我生氣得像媽媽一樣大吼大叫，他也不理我，直到媽媽出現。弟弟跑進房間大哭，我不知道發生了什麼事，我站在客廳，一個人站着，這種感覺很可怕，發生什麼事了嗎？

媽媽從我身邊走過沒有理我，直接走向弟弟的房間，弟弟的房門關了起來，但是我還能聽見弟弟的哭聲和媽媽說話的聲音，弟弟的哭聲讓我覺得好吵，我大叫「好吵！好吵！」真的好討厭這種感覺。當我再一次看到媽媽時，媽媽要我去洗臉，冷靜下來，然後要我擦擦護手霜或聽聽音樂，我喜歡護手霜那種香香的味道，我決定去擦護手霜，嗅嗅香香的味道。

這一天吃完晚飯後，媽媽要我把今天弟弟來找我的情況說一遍，然後由弟弟說一遍，媽媽說這兩個故事的主角都是我和弟弟，為什麼我們講的故事卻不一樣，弟弟好像很快就懂媽媽在說什麼，媽媽要他說出他的感覺。接着媽媽跟我單獨在房間裏談話，問我有沒有記起弟弟說了哪些感覺？我只記得弟弟說他小息沒有朋友陪，所以才來找我，我沒有陪他小息，而且我的同學抓住他的時候很痛，說到這裏我告訴媽媽我想哭。媽媽又問我怎麼會叫弟弟「走開」？這不像我會說的話，我告訴媽媽，曉妍是我的同班同學，她也有個二年級的弟弟常來找她，她很討厭她的弟弟，每次都推她的弟弟，叫他「走開」，我只是不想和弟弟一起小息。因為我已經和同學約好一起玩，所以我也叫他走開，他不走，我就推他。我以為媽媽聽完以後會生氣，沒想到媽媽不但沒有生氣，還跟我說了好多話，告訴我弟弟很傷心難過，希望我能想想以前想有人一起小息，不想一個人的感覺。聽完媽媽的話我心裏覺得怪怪的、怪怪的、怪怪的。

最快樂的時光

到目前為止，我覺得最快樂的時光應該是三年級的時候，但是我喜歡現在的自己多於以前的我，現在的我知道自己喜歡什麼、不喜歡什麼，我懂得怎麼説出自己的想法，自己的感受，雖然很多時候我還是很難告訴別人我的感覺，解釋不了自己的想法，但是我會慢慢説，慢慢想，儘量不要發脾氣。

現在的我有很多興趣：聽音樂、畫畫、亂彈琴、烹飪、做手工、游泳、溜冰……最近我還有了一個新的興趣，就是看新聞報導，每一則新聞就好像一個小故事。我對政治人物、戰爭、環保的話題特別有興趣，每次看新聞時我都會問媽媽這些事情是怎麼發生的，為什麼這些人要這麼做，思考這些事情讓我覺得很有趣。還有就是玩桌上遊戲，自從媽媽知道我喜歡玩棋以後，媽媽買了許多桌遊給我玩，玩遊戲給我一種安全感，因為每個人都要遵守遊戲規則，我喜歡這些遊戲規則。我不只很會下棋，其他桌遊我都很容易上手，有時還會跟弟弟一起設計新的遊戲。

我喜歡現在多姿多采的自己，就好像一幅五顏六色的圖畫。

樂樂個案的治療重點

1. 家長教育：指導父母從樂樂的眼光觀看事物，走進她的內心世界，明白她怎樣看世界及理解自己的經歷。
2. 心理支援：掌握孩子天性活潑好動、渴慕知識和精力充沛的表現，喜愛善於教導她和能夠回答她因好奇而提問題的人。
3. 臨牀介入：要讓家庭從各自不同的角度把故事説出來，説故事本身具備特別意義，是個具有治療價值的過程。
4. 家庭支援輔導：假單親母親的個人情緒需要，在現實生活的局限條件中，尋求支援；身在台灣工作的父親，可透過不同途徑，加強與家庭的聯繫和照顧。
5. 臨牀治療：是由家庭從經驗中拓展不同生活的可能，跳出個人狹窄的視野，突破舊有僵化及不良慣性的應對方法，相信家庭成員的自發改變，嘗試尋找不同的解決問題策略。

第五章

特殊教育需要孩子的家長專訪

1. 無心兄弟和虎爸苦媽
2. 機械娃娃和故事媽媽
3. 不聰明也能加入人生進步組
4. 我的女兒是夜青

採訪感想

採訪：鄺寶芝

畢業於香港中文大學新聞與傳播學院，曾任多年傳媒工作，致力關注和服務有特殊教育需要的學童。

導言

本章邀請了鄺寶芝小姐採訪本人多年跟進的四個家庭個案。從家長角度記錄「我家不一樣子女」的家庭經歷，希望為特殊教育子女的家庭發聲，也讓讀者聆聽母親的心聲！

1. 無心兄弟和虎爸苦媽

「我看着他一邊抄寫，一邊打瞌睡，有時又抄得淚流滿面，真的很心痛。」

個子嬌小的淑芳是三個孩子的媽媽，長子十六歲，次女十三歲，幼子十一歲，從小都是唸國際學校的，三人的學費每年要花費十多萬。淑芳在幼子出生後，便留在家專心帶孩子，由丈夫賺錢養家、供書教學。這樣的家庭，聽起來可能讓人相當羨慕。不過，當淑芳提起她家中兩個「無心」兄弟，她的「虎爸」丈夫，她的「苦媽」處境，又讓人有另一番體會。

「無心」，是形容兄弟倆的問題行為。淑芳兩個兒子都曾接受評估，證實患有專注力失調 / 過度活躍症（下稱 AD / HD）。即使同是 AD / HD 孩子，他們在成長路上，也面對不同的挑戰。

長子是「無心控制」型，行為衝動，常常被學校老師投訴打人、推撞同學，在家也會無故發脾氣，不能控制情緒，發怒時像要殺人一樣。幼子則是「無心專注」型，常常發白日夢，一副遊魂的樣子，思考組織混亂，表達、理解也有困難，連回答一條簡單的問題 —— 想要餅乾還是雪糕？也要思考一分鐘之久。社交上，二人皆很難結交朋友，缺乏自信，在成長路上充滿挫敗感。

挫敗感的來源，亦包括他們的「虎爸」。強勢的丈夫沒有接受兒子有特殊需要，堅持高期望、管教嚴的方法，甚至用惡意批評打擊孩子自尊的激將法。負責照顧孩子的「苦媽」感到難過，往往把問題的責任歸咎於自己管教不善，獨自承受學校的投訴，當「醜人」為孩子的過錯道歉。當夫婦無法在管教標準及態度上取得共識，對孩子的成長會有什麼影響？

專注力不足 / 過度活躍症

讓我們先了解什麼是專注力不足 / 過度活躍症。

AD / HD 是一種發展性障礙，主要有三類症狀：

1. 專注力失調型；
2. 衝動及過度活躍型；
3. 混合型。

由於 AD / HD 孩子的專注力較弱、行為衝動，直接影響他們的學習和社交，成長路上充滿挑戰。

易衝動、常失魂，好像是 AD / HD 孩子的代名詞。這些行為表徵，是基於他們的執行功能（execution function）缺損。執行功能包括情緒控制、反應抑制、持久專注、工作記憶、組織、規劃及優次排序、組織、時間管理、靈活變通、後設認知、堅持達標這十一種技能。如果執行功能未能正常運作，AD / HD 兒童便會難以自控，行為衝動，學習欠專注，缺乏動力和目標，許多方面都搞得亂七八糟，一塌糊塗。

障礙重重的兩個兒子

淑芳先介紹她的孩子：「我有三個孩子，其中長子及幼子都有特殊需要。長子十六歲，自小有 AD / HD 及讀寫障礙。幼子十一歲，有 AD / HD 及言語障礙。」

長子出生後，淑芳還不是全職媽媽，需要跟隨丈夫到大陸工作，每每數天才回家看看兒子。照顧孩子的責任交託在夫家和菲傭身上。當長子兩三歲時，家人留意到他有許多不當行為：當父母不在家時，他會咬拖鞋、用頭撞牆、發脾氣打人、咬人，在學校也會咬人。

「我漸漸覺得他不太對勁，他很容易發脾氣，動不動就哭鬧，我又不明白他為何發脾氣。可是，丈夫完全不認為孩子有問題，他覺得只是孩子還小，倒怪我管教不善。」淑芳一臉委屈地說。當時，因為長子的問題行為，淑芳帶兒子到社福機構接受輔導。輔導員見了孩子，見了淑芳，也想跟孩子的爸爸見面，可是丈夫一口拒絕。

長子升上小學才接受評估，證實為 AD / HD，並有讀寫障礙。

「長子唸幼稚園時，已經很少朋友，升小學後，更加沒有朋友。學校經常投訴他打人、推撞別人，稍一不歡喜，就大發脾氣，常常跟老師對抗，也會故意推倒桌椅。學生手冊的溝通欄都寫滿投訴，也有老師親自打電話給我，説他發脾氣、打人、漏帶東西、欠交功課等等。」每次淑芳看見是學校打來的電話，都會心頭一震，不知道長子又犯什麼事了，也常常要為兒子的過失向同學的家長道歉。

是他推我！

「他總説是人家不對，『是他推我！』『是他搶了我的東西！』」

淑芳説，長子在家發脾氣，通常是因為玩遊戲輸了不服氣，或是跟弟弟吵架。發脾氣時，他會亂扔東西，把書本重重擲在地上，甚至會把坐墊迎面擲向弟弟。淑芳形容他生氣時的樣子：「真的很恐怖，雙眼直瞪着你，好像要把你殺掉一樣！」

長子行為衝動，對很小的刺激也會產生很大反應，除了是因為情緒上不能自我控制，他也有某種感覺處理困難，影響他的社交和日常行為。

「小時候，長子真的很抗拒人家觸碰，碰一下也不可以！」當其他同學不小心碰到他時，他忍不住動手打人。「我跟他外出，坐巴士、坐地鐵，他一定不肯跟其他乘客一起坐。假如有人坐在他身旁，或者在街上被路人碰到他的身體，他會整天在投訴：『他碰到我呀！我很不喜歡呀！』轟炸我一整天！」

這樣的情況，持續了好幾年。直到有一天，兒子坐小巴，只餘下一個座位，他唯有與別的乘客一起坐。事後，他又重複訴苦。淑芳那時已進修了特殊教育知識，便嘗試引導兒子，讓兒子知道母親是明白他的，會接納他不舒服的感覺。淑芳用溫柔的聲線開解長子：「『我知道你覺得很不舒服，我知道你不喜歡人家觸碰你，我知道你不喜歡跟陌生人一起坐。不如你試試告訴媽媽，你哪裏不舒服？』我就讓他一直説，一直説。」一兩次之後，長子就減少了這方面的投訴。長大以後，他能接受與陌生人並排而坐，雖然始終不喜歡別人碰到他，但反應不再那麼強烈，可以找些方法適應社交的處境。

長子除了行為衝動，常在學校犯事之外，每天在家做功課，也令淑芳感到很頭痛。「他放學回家之後，總是不願做功課，認字很差，學過的東西很快就忘記得一乾二淨。教導他的時候，他就在遊魂，很心散，根本沒有把你的話聽進耳裏。」

除了 AD / HD，讀寫障礙也影響了長子的學習，特別是中文科。「他寫的中文字不工整，字形不合比例，某部分寫得很大，其餘部分則寫得很小，簿子都不夠位置給他寫。如果紙上沒有格子，他會把字寫得很大，卻總是漏了一撇、一點，抄也會抄錯。中文的讀和寫，他都有困難。這邊廂教了他認字，那邊廂又認錯了，像把『校車』的『校』字，當作『放學』的『學』字；把『完成』的『完』字，當作『玩具』的『玩』字。閱讀時，他也有跳行跳字的毛病。」幸好，淑芳替長子報讀中學時，已説明他有讀寫障礙，學校也為他安排調適，例如在公開試中加時和使用電腦作答。

讀寫障礙

AD / HD 孩子可能同時出現另一種或多種混合障礙，稱為「共病」，讀寫障礙是常見的共病之一。讀寫障礙是由於腦功能出現先天障礙所致，患者往往在「認讀」和「默寫」字詞時異常困難，大大影響理解和學習。在認讀方面，讀寫障礙學童經常混淆字形相似的字（如把「土」讀作「士」），或字義相近的字（如把「吃」讀作「食」），閱讀速度緩慢，也會跳行跳字。默寫方面，他們容易寫錯筆畫，串錯字，即使反復抄寫，也會默錯。

當 AD / HD 與讀寫障礙同時發生在兒童身上時，一方面，他們會缺乏學習動機和信心，組織和執行力較弱；另一方面，他們也會出現閱讀和書寫困難，難以應付日常的功課、默書和考試。

慢半拍的孩子

同樣有 AD / HD，長子在「衝動行為」的表現較明顯，幼子則偏向「專注力不足」，同時有言語障礙。有了長子的經驗，當淑芳觀察到幼子早期的言語發展較慢，便在兩歲時輪候評估服務，在四歲時接受了評估，獲安排接受言語治療，在六歲時確定有 AD / HD。

淑芳說，幼子從小在表達、理解方面都有困難，不大理睬別人，當人家和他說話時，他會停頓很久才作出反應。「當他有反應接下去時，人家都已經走了。即使到了現在（十一歲），他還是要想很久才會有反應。簡單如問他：『你想要餅乾還是雪糕？』他也要想足一分鐘。別的孩子通常不耐煩，不會等他回應。」

學習方面，幼子的表現也較弱，因為接收、組織和處理訊息的能力較差，難以把老師的指令化為行動，也會被腦中許多無關重要的念頭分了心。就算執行了，過程中亦會遺漏了某些步驟。淑芳說，老師會另外設計工作紙給幼子，例如把問題拆開為數個部分，分開幾個步驟，他才懂得作答。另外又會給他不同顏色的字條貼，提醒他哪些是重要的內容，讓他集中學習。

我和兒子最黑暗的半個月

適當的學習調適和合宜的教學方法，對 AD / HD 學童尤為重要。如果課程太冗長沉悶、太多重複抄寫、又欠缺發洩精力的「放電」時間，便會讓 AD / HD 學童叫苦連天。淑芳憶述，幼子曾參加多個升小學面試，都全軍覆沒。每次面試，他只是放聲大哭，不懂回應，所以一間小學也沒有考上。好不容易找到一間私校，但讀了十多天就退學了。

淑芳形容那短短的十多天，是她和幼子最黑暗的時期:「我記得那十多天，我和幼子都很痛苦。那間學校沒有體育堂，教學內容太深、進度太快，幼子根本聽不明白。學校對中英文的要求都很高，連幼子一向較擅長的英文科，他也不喜歡。我們回家就要趕功課，數量多，內容也艱深。而且，大部分功課都是抄寫，我看見他一邊抄寫，一邊打瞌睡，有時又抄得淚流滿面，真的很心痛，馬上替他轉讀一間國際學校。」

淑芳記得有一次，她在家中掃地，幼子走過來幫忙，很認真地説:「我覺得我掃地很在行，媽媽，長大後我可以去當掃地工了！」淑芳當時真的百感交集，知道幼子自覺一無是處，只有掃地比較在行。別的孩子可能想當醫生、建築師、工程師，自己的孩子則只盼望當個掃地工。淑芳沒怪孩子辜負雙親的栽培，只是深深體會到幼子的挫敗感真的太重了。

經過這十多年陪伴幼子成長，淑芳感受最深的是，幼子很容易放棄。他的口頭禪是：「我不懂、我不行、我不做了！」總是未嘗試已經打退堂鼓，做人做事都缺乏信心。

同學開生日會，沒有邀請他

除了學習上的困難，AD / HD 孩子在社交方面亦經常受挫。他們缺乏社交技巧，往往因為行為衝動，容易與人交惡，或者諉過於人。他們容易感到自卑，怕被同儕取笑、指責，難以建立健康的社交關係。

淑芳憶起一次讓她心酸的經歷。「長子在小學三、四年級時，班中一位同學開生日會，他知道許多同學都會出席，很想參加。當天放學後，同學們紛紛到那同學家中開生日會，可是我的兒子沒有被邀請。他在學校哭着説：『我很想去同學的生日會！』但是人家根本沒有邀請他，他很難過。」淑芳明白，長子被朋輩拒諸門外，被孤立的滋味很不好受。

同樣地，幼子亦缺乏交朋友的技巧，常常做出古靈精怪的動作引人注意，看起來傻愣愣、很愚蠢的樣子。淑芳説起幼子的誇張行為，感到無奈：「他會突然間跑到你面前扮鬼臉，甩手甩腳的，讓人覺得很奇怪。去年聖誕節，我們一家和親戚外出，幼子見堂弟妹玩得高興，就不停在旁邊騷擾人家，我只好不時在他身旁提醒，多提幾句，又好像責罵他了，讓我左右為難。」淑芳説，幼子常怪責別人很煩擾，但對自己的騷擾行為卻不自覺。

要他們成長，先要刻意傷害？

最令淑芳困擾的，是夫妻管教不同步：一個是採取手段高壓的「虎爸」，一個是默默當醜人的「苦媽」，二人對孩子期望不同，容易磨擦：「孩子的管教問題，很大程度是源自我們夫妻間沒有共識，但我真的不能接受他那套教法！」

淑芳紅着眼，説出這些分歧的真正原因：「我覺得丈夫根本不接受兒子有特殊需要。」

不少育有特殊需要孩子的家庭，都有特別的家居佈置，例如在當眼處貼上打氣句子或提示，提醒孩子。不過，淑芳的丈夫堅拒這種佈置：「我本來也想在家中貼些提示或鼓勵句子，但丈夫不喜歡，他情願家裏看起來簡約時尚，像個示範單位一樣。但我也堅持貼一張半張。早前長子學習健腦操，想過把健腦操的二十六式圖示貼在家中，丈夫也不高興。」

說到夫妻二人的管教方針，更是南轅北轍：「丈夫對長子一直有偏見，覺得他『很白癡、很差勁、無可救藥』。他總是貶低長子，當面說他『沒用！』這些打擊的話，真的很傷害孩子的自尊心。對幼子，他會說些負面話，但起碼願意陪幼子玩；對於長子，他真的很少親近。」

「我勸過丈夫，你不斷對兒子說打擊的話，很難建立他的自信！但丈夫總是不理解，只覺得我太過保護兒子，令他們不能獨立成長。我不時檢討自己，是不是真的太保護他們了？我的管教方式，是不是也要調節一下？有時我都會放開一點，避免過分保護。不過，放手歸放手，也不應該刻意傷害他們！我覺得丈夫對兒子的期望，只是想一步登天。我常常對丈夫說，看見孩子有一小步的進步，我已經很高興了。我請丈夫也讚孩子一句，他總是不肯，他要求的是多幾十倍、幾百倍的進步！試問兒子怎會做得到？我心想，丈夫也未必做得到！當你為兒子設下高不可攀的目標，兒子只會感到無法達成，便乾脆不做了。可是，丈夫依然堅持他的管教方法。」

連我也放棄，孩子會很慘

夫妻不同步，兒子難教，淑芳一直感到孤軍作戰。「有時見到兒子的表現稍有好轉，我都會很開心，但不知怎的，很快他們又打回原形，讓我很氣餒。我總是首先想到，是否自己教得不好？我很自責，很有挫敗感。為什麼孩子又在學校打人了？最嚴重的那次，是長子讀小學時打老師，由於事件嚴重，他被罰停課一天，給他一點阻嚇。當學校打電話給我投訴兒子犯事，我不敢對丈夫説，怕一旦告訴他，他會氣得打兒子。『打手板』，打很多很多遍，十下、二十下、一百下。兒子被打得很痛，卻不准他縮手，縮了手，就要再補打。兒子被打當然很生氣，但又知道不能在父親面前發脾氣，因為發脾氣會被打得更多，只能一直哭一直哭。打完了，兒子會不吭一聲，縮在一角，但看得出他仍然很生氣！」

丈夫打完孩子，卻不會跟孩子分析問題所在。淑芳覺得這樣於事無補，就在長子四年級開始，要他在每次犯事之後，寫下自己做錯什麼、事情發生的經過、自己的想法等，幫助他自我反省。

「雖然覺得自己孤軍作戰，但想深一層，如果連我也放棄，就沒有人理會我的孩子了。孩子的人生，豈不是會更難過？如果連我都不理孩子，他們就會很慘了！」

哪個孩子不出色

其實，淑芳兩個 AD / HD 兒子在其他方面，也有出色的表現。他們都是學校足球隊成員，在藝術創作方面頗有天份，特別是長子。「長子在繪畫方面表現不錯，有老師說，他的繪畫能力甚至比同齡的孩子高出幾倍。許多老師都稱讚他，他也用心畫好每一幅畫。繪畫是唯一能讓他感到自己是有能力的。」

每一個孩子都有他的潛能，就算是 AD / HD 孩子，在他們感興趣的範圍，也能表現出專注的一面，發揮所長。只是，我們會否對他們吝嗇了讚許，被怒火遮住了眼睛，看不見他們的天份？

淑芳在訪問尾聲，也說出自己在專注力、組織及表達上有一定的困難。無論兒子的 AD / HD 症狀是否遺傳，淑芳這位母親都能明白兩個 AD / HD 兒子的處境和獨特需要，願意用無比耐性和愛心，鼓勵他們發揮專長，建立自己的人生。

給孩子的心底話

孩子，希望你們可以健康成長，找到自己的目標。

假如你們長大後想當足球員，我會接受，也會支持。

你們一定要找出自己的目標，

找到目標就要努力去做，

最好自己要有計劃，如果沒有計劃，空談目標也只是徒然！

媽媽希望你們長大後可以獨立生活，找到工作，好好地適應社會，

有自己的人生，

有自己的價值觀。

淑芳

2. 機械娃娃和故事媽媽

「我是個感情豐富的人，沒想到，上天竟安排一位很冰冷、木無表情、像吸血鬼一樣的女兒，來到我的世界。」

眼前這位媽媽，蓄着瀑布一樣的染色曲髮，戴着近年流行的大框眼鏡，穿上波希米亞風格的民族裙子，很有異鄉人的味道。沒錯，她確實是一名異鄉人，來自台灣，居港十二年了，嫁的是香港人，兩個孩子也在香港土生土長，家裏都講廣東話。可是，這位媽媽跟其他香港媽媽還是有點不一樣，正如她的兩個孩子，跟其他小孩也有點不一樣。

慧玲是兩個孩子的母親，大女兒今年九歲，小兒子今年七歲，在同一家主流小學唸書。丈夫在廣州工作，只在週末回家，一直以來，都是慧玲獨自在香港帶孩子。雖然她一直覺得女兒脾氣古怪、情緒極端、行為固執，也有預感她可能有自閉症傾向。然而，直至去年，慧玲才真正鼓起勇氣帶女兒接受評估，結果證實女兒患有亞氏保加症，在自閉症光譜上顯示為輕度至中度，而亞氏保加症的表現則很明顯。

她是一座冰山，一個機械人

亞氏保加症是因腦功能異常而引致的發展障礙，患者沒有明顯的智力缺損和言語障礙，但有一定程度的固執行為和社交障礙，缺乏心智解讀的能力。社交及溝通是亞氏保加症孩子的弱項，他們彷彿活在自己的世界，容易沉迷於刻板的興趣模式。

對於這些不一樣的特質，慧玲都有深切體會，也受過不少煎熬。教養女兒已令她心力交瘁，可是，小兒子有專注力不足的問題，也面對不少學習困難。「他張開眼睛也能睡，上課就睡覺，在學校根本學不到任何東西。」兒子學習散漫，欠交功課是家常便飯。校方對家長步步進迫，要求督促孩子跟上進度，也讓慧玲這個台灣媽媽喘不過氣。

孤立無援的痛苦，甚至曾把慧玲推上自毀的路，與鬼門關擦身而過。今天，慧玲在特殊兒童家長的身分以外，更是一位擅長公開講故事的「故事媽媽」。回首前路，她帶笑感激：「如果說，我能成為一位情感豐富的故事人，這一定要歸功我女兒！我從孩子身上看到了很多希望。」

女兒的亞氏保加症特質，差點讓慧玲家不成家。論個性，慧玲本身感受敏銳、是個性情澎湃的天生演員。每當她演說故事時，總是七情上面，繪形繪聲。沒想到，上天竟安排一位「很冰冷、木無表情、像吸血鬼一樣」的女兒，來到她的世界。

「女兒的情緒一直是最大問題。她從小到大都只有『哭』或者『笑』，沒有中間的情緒，平時也沒有表情。」家裏的氣氛，完全被她的極端情緒牽動。

「最厲害的時期，她會無緣無故在半夜四點狂哭，哭了整整半年，哭得連管理處也要報警。當時，她真的很討人厭。」弟弟也怕了姊姊的哭鬧，姊弟間常有爭執，家無寧日。

亞氏保加症孩子都缺乏社交或情緒的互動能力。一般人總以為喜怒哀樂是與生俱來的感受，其實絕非必然。慧玲說，女兒不僅不懂人家的情緒，連自己的情緒也不會表達。

譬如，爸爸要到台灣工作了，離家那天，女兒躲在房間不肯出來，說：「媽媽，我的眼睛生病了。我一直有水從眼睛漏出來。」女兒九歲了，卻連傷心得流眼淚也不曉得。

這道情感的「冰牆」，也曾讓慧玲又氣憤又無奈。「有一次，我再也沉不住氣，直接問她：『你到底知不知道我在生氣？知不知道我為何生氣？』我說得很大聲，我知道她很害怕，但我反復質問她：『你知不知道？你明不明白？』想不到，還是小學生的女兒，竟然無奈地歎了一口長氣，回應道：『我很累了，如果你說你很生氣，那就你很生氣吧。』」

當時，慧玲只感到眼前的小女孩是多麼的冰冷，簡直像吸血鬼一樣：「你用盡所有力氣，關心她、愛她，但是她很冰冷，無止境跟你索要東西，索要你的愛，索要你的關心，索要你的快樂。」

女兒的一板一眼、依從邏輯，讓慧玲感到她像個按照程式運作的機械人。有一次，女兒告訴母親，原來她曾被同學發出死亡恐嚇！「女兒說，二年級時有個大哥哥，整天在廁所門外等她出來，恐嚇她說：『如果你回家以後做功課，我會殺了你！』一般的小孩應該會很害怕，會立即告訴媽媽，但我女兒等到三年級才對我說。她說，她分析過，那個大哥哥不會找到她的住處，況且學校也有老師和同學，大哥哥是沒法下手殺死她的。」

女兒是我說故事的師傅

情緒、語氣、態度、想法……是多麼的抽象。對於一板一眼的亞氏保加症孩子，該從何入手呢？若身邊能有一位「生活解說員」，則好辦得多。原來，慧玲超凡的說故事技巧，就是從長年累月的解說中鍛煉出來的。

「我不是天生表情豐富、講故事動聽，絕對不是。如果說，我是一個會說故事的人，女兒就是我師傅。如果你沒辦法講到她的心坎裏，她就是一座冰山。我要跟她解釋很多生活上的事情，像一個解說員，讓她了解別人的需求、別人的感覺，還有她的需求、她的感覺。我要一直講，一直講，而且要讓她聽得懂，要講得很仔細，她才能感受到。」情緒的辨識、內心的獨白、行為的解碼，都透過母親窩心的解說，逐一打進女兒的心扉。

替女兒做評估的心理學家，給慧玲一記提醒：「你的孩子很幸運，遇到你這個媽媽。這類孩子通常很難被發現，因為他們的問題是很內化很內化的。」要不是家長及早發現，讓孩子得到適當的協助和訓練，亞氏保加症孩子往往會演變成隱性個案。他們的成長，持續被各種社交、溝通、情緒等問題所困擾，儘管智商有多高、能力有多強，也無法擺脫「怪人」的稱號。

社交障礙為亞氏保加症孩子帶來許多成長的挑戰。慧玲以女兒為例：「當她走進一個社交環境，例如在班房裏跟大家一起上課，一起玩，就會明顯發覺這孩子會不耐煩，發脾氣，一個人躲起來，完全不參與。」慧玲說，在陌生人面前，女兒就好像被「點了穴」一樣，木無表情呆站。

當置身變化多端的社交情境，亞氏保加症孩子往往未能做出合宜的回應。有一次，慧玲給女兒一些糖果帶回學校請同學吃。女兒回家後對她說，同學都覺得糖果很好吃，可是她還是有點不開心。女兒說：「我問誰要吃糖果，每個人都搶着要，我也答應會給他們。突然間，有同學衝出來，跪在地上，對我苦苦哀求：『我求求你！求求你！給我一顆糖！』有的就在黑板上寫下：『我要糖』三個大字。其實我都已經答應會給他們了，為何他們要那麼可憐呢？」女兒就是不明白，同學們只是跟她鬧着玩，大家一唱一和，搞搞氣氛。縱然慧玲多番解釋，女兒還是在疑惑：「地板那麼髒，為何他們要跪在地上呢？真可憐！」

「弟弟把我趕出家」

即使親如家人，也未必能順利地和亞氏保加症孩子建立親密關係。由於這類孩子難以解讀別人的說話、想法及行為，往往造成家中許多誤會和衝突。

慧玲憶述，大女兒常因小事跟弟弟吵架，弟弟生氣了，總會罵她：「你真煩！你走呀！」有次女兒在爭執後跑到她的房間，淒涼地哭訴：「弟弟把我趕出家門了。弟弟不讓我回家，弟弟趕我走呀！」慧玲才明白她是誤會了弟弟的氣話，弟弟只是叫她「走開」一點，並不是要她「離開」這個家。

慧玲只能循循善誘，告訴女兒有何解決方法——暫時走出弟弟的視線範圍，好讓他冷靜一下。其後，當弟弟再罵姊姊時，她就乖乖走開了，沒有難過的情緒，也沒有覺得被弟弟趕出家門了。

女兒身邊，很需要慧玲這個媽媽，給她作出生活上各種解碼。

我該去當母親，還是補習老師？

不止女兒，慧玲的小兒子也是個不一樣的孩子。「兒子專注力不足，從小就知道他有學習的問題，上課就睡覺，張開眼睛居然也能睡。他所有東西都是看卡通片、聽媽媽講故事學回來，然後自己想出來的。」就讀二年級的小兒子很討厭上學，常因欠交功課、成績不及格，被同學譏笑為「傻仔」，在學校被欺凌。

女兒和兒子都是就讀主流幼稚園和小學。作為一位台灣媽媽，在香港人地生疏，還要獨力教養兩名各自有特殊需要的孩子，慧玲感到快要窒息。她控訴：「我最大的壓力不是來自孩子，而是來自香港這個社會！」

慧玲認為香港的主流教育，跟她的教養理念格格不入：「我不會催迫孩子認字、算術、寫英文、學這學那。但老師總覺得是我高高在上，沒有融入香港社會。他們都很強調，我現在是在香港生活，不是在台灣，再這樣下去，孩子就會跟不上。可我真的不想孩子不停做功課，根本沒有時間玩！」有時老師會窮追不捨，三番四次打電話給慧玲，請她督促孩子做妥功課的改正。慧玲不勝其煩，只好用上絕招：「我就用左手幫女兒寫字！功課都這麼多了，哪有時間改正？所以，老師、家長都不喜歡我。家長也會對他們的孩子說，不要和我的女兒玩。我明白，這是很現實的問題。」

女兒唸二年級時，中文科一整年都不曾及格，慧玲就嘗試督促她學習，希望追上進度。可是，慧玲回看那一年，只有痛苦的回憶，好比活在煉獄。「看到又不及格了，我很生氣，也是會打小孩的。」

當學業成績與親子關係互相拉扯，慧玲不禁質問：「我應該去當一個母親，還是補習老師？家裏只有我一個，若我選擇了當老師，孩子就變成孤兒了！」

慧玲覺得，生活在香港，找不到足夠的空間，讓她和孩子走自己的路。「身邊每個人都希望我成為真正的香港人，每個人都説我應該怎樣怎樣，讓我感到很壓迫。每個人都怪責我，是因為我的管教太鬆了，他們在學習上才會有問題。剛開始時我也有懷疑自己，可是我花了一些時間釐清自己的感覺，我到底是因為孩子而變得抑鬱，還是因為自己？最終，我發覺是我的問題，而不是孩子。」

沒有快樂媽媽，就沒有快樂家庭

時光回到慧玲未嫁的歲月，那時候，她在台灣是個部門主管，手下有二十幾人跟她打天下，是個不折不扣的女強人。「如果沒有這兩個孩子，我應該每天過着紙醉金迷、賺錢喝酒的玩樂生活，這種生活我已經過了二十八年了！」

自從在海外結識了她的丈夫，毅然嫁來香港這個陌生地，她的人生就有了翻天覆地的轉變。由於丈夫在廣州工作，只在週末回港，慧玲要在香港獨力照顧孩子。雖然有夫家，但家人的冷漠態度，也未能讓慧玲好好適應在港的生活。

「女兒常常問我，為什麼別人的爸爸會回家，她的爸爸就不在家？」丈夫跟自己、孩子的關係，總是很疏離。「去年暑假在台灣，才是我們一家四口第一次整整一個月生活在一起！我女兒已經九歲了，這才是第一次！過去，他總是星期五晚上回來，星期一早上就走，回家都在睡覺，週末他不一定陪孩子玩，我們相處的時間真的太少了，這樣的家庭很不健康。」

有恨過丈夫嗎？「我恨死他！他一定知道我恨死他！我對他說過：『這一輩子我都不會原諒你，把我丟在香港十二年！』」

以前是跑江湖的烈女，婚後成了在家帶着兩個特殊孩子的婦人。這種身分的轉變，把慧玲推向思想的死胡同。隨着孤單無助的感覺變得無止境，終於，抑鬱症來敲門了。

「家人都認為是我的問題，覺得是我胡思亂想，沒事找事做，沒事找罪受。好像千錯萬錯，都是我的錯，所以他們沒有理我。那時候，我有寫日記。我是用畫的，內容大概是：這個家，養了一個人，而養這個人最大目的就是要從她身上吸收養分，吸收她的愛、她的快樂。我當然想人家關心，想被人家重視，可是，最糟糕的感覺是，我不想再活下去！」

最壞的情況呢？慧玲幽幽地說：「做了些挺恐怖的事情。」她緩緩拉起衣袖，兩隻手臂上佈滿一行行割手的傷痕，有深有淺。

自毀的行為，逐步加劇。慧玲憶起一次死裏逃生的經歷。「當時精神科醫生，給我一些藥丸，有安眠藥、鎮靜劑之類。有天晚上，我一下子把所有藥丸統統倒進肚子裏。醒來時，已經隔了一整天！我沒有去醫院，家裏也沒有人發現我出了狀況。他們只是奇怪，為什麼我一直在睡覺。其實，我對夫家的人也很生氣，為什麼沒有人理會我？」

從鬼門關僥倖逃出，是慧玲最深刻的一次，也是最後一次。悲傷過後，她得到重生的醒悟：「那次之後，我覺得我沒法子這樣一直下去。我先要做好一些事情，就是要當好孩子的媽。人生不會像連續劇那樣，永遠幸福快樂活下去。我就給自己時間理順自己，於是開始經營自己的生活。當我發現，自己生活健康、快樂，我的孩子也正常很多，他們也比較幸福、快樂。」

有句話，慧玲一直銘記在心，帶她走出抑鬱的日子。她堅定地説：「沒有快樂的媽媽，就沒有快樂的家庭。」

勇敢與孩子同行

慧玲長年累月養育兩個不一樣的孩子，經過進修和活學活用，倒有不少心得。

了解亞氏保加症孩子難於理解及表達情感，慧玲會引導孩子在鏡子面前認識情緒。「當女兒準備要哭的時候，我就請她看看鏡子裏面的自己是怎樣的。剛開始的時候，她很難接受自己的樣子，很抗拒去看。後來，我花了半年以上的時間，才讓她學會認識自己的表情。」

在社交場合，亞氏保加症孩子總是處處碰壁，不是讓人覺得沒禮貌，就是話不投機，很難融入圈子。對於許多社會規範和人際交往，亞氏保加症孩子總是無法領會，要靠父母師長耐心解說。

同理心也是要好好學習的。慧玲就會從生活細節裏，抓住一些關鍵時機教導女兒。以前，女兒會因為純粹想發呆，霸着馬桶不上廁所，讓弟弟急得要尿褲子。慧玲就抓住時機，趁有一次女兒急着上廁所，把她擋在外面，讓她感同身受，明白要讓出廁所的道理。

慧玲相信，亞氏保加症孩子最需要的是對情景的了解。對於每一個生活情景，慧玲都會不厭其煩地向女兒解說。

為了增加孩子與他人互動的機會，慧玲這個故事媽媽，想出了一個兩全其美的方法，就是帶着孩子到處說故事，有時到社區中心，有時到圖書館，讓一班小孩子聚在一起聽她說故事。女兒有媽媽在旁，會比較安心，漸漸能跟其他孩子一起相處，一起玩。慧玲又故意帶她去人多熱鬧的地方，乘坐不同的交通工具，嚐不同口味的食物：「就這樣一步一步去增加她的社會體驗，教她適應社會，而不是要整個社會遷就她。」

對於小兒子專注力不足的學習問題，慧玲認為家長一定要調整心態，不要跟別人比較，也不要強迫子女學習。就算兒子的同學當面問她，為何她不強迫兒子做功課，甚至任由他欠交，慧玲也自有她的一套：「欠交就欠交吧。欠交是因為功課太多，做也做不完。我們慢慢做，總有一天會做完的，對吧？我也不怕讓孩子知道媽媽這種態度。我真的不想再回到追趕成績的那段痛苦歲月。」

最近，慧玲的家庭出現了難得的轉機。以前，丈夫總是中港兩地跑，對孩子比較冷淡，她也有過離婚的最壞打算。

不過，隨着丈夫的態度有所改變，主動致電回家，主動跟孩子聊天，重建親子關係，慧玲也有新的體會：「我不能再逃避了，當孩子愈大，問題也愈多。我需要丈夫來幫我。孩子需要一個真正的家。」慧玲説，丈夫已經在她的老家——台灣找到工作，他們將會舉家移居台灣，在那裏展開新生活，是一家四口的新生活。

孩子，比大人還要堅強

經歷過人生低谷，慧玲這位故事媽媽，也從兩位不一樣的孩子身上，看到許多人生希望。

「像我的小兒子，他在學業碰到很多困難，在學校被人家叫『傻仔』，被人家欺負，被人家霸凌。人家嫌他做事很慢，甚至打他、罵他，老師亦不很喜歡他，他都知道。但是，孩子沒有放棄自己，他努力尋找自己會做的事情，證明自己的能力。他想航海，想去探險，想當聖誕老人的徒弟，想要改變世界。這種力量，比大人還要強壯！」

給孩子的心底話

孩子，我希望你們可以慢慢長大，

慢慢去了解不同階段的自己，

可以愛自己，

了解自己不一樣的生活，

了解自己的改變，

再去感受這個世界的存在，

這就叫做生命。

快，過來，給媽媽抱一下！

慧玲

3. 不聰明也能加入人生進步組

「兒子覺得老師誤會了他，但他不懂得表達和解釋……便發脾氣衝出課室。」

「人生勝利組」這五個字，誰不羨慕？能成為人生勝利組，彷彿受到幸福的加冕，代表出身好、學業佳、有前途，能直通康莊大道。然而，從小只有節節勝利，未嘗挫敗失意，是否就是真正的理想人生？一旦受挫，可會一蹶不振？

換個角度，若能成為「人生進步組」，每天也找到進步的空間，豈不更妙？

對於愛勝利還是愛進步，文娟有深刻的體會。她與丈夫建立了一個小康之家，育有兩個各走極端的兒子——長子是資優天才，幼子則是一度被評估為智能偏低的自閉症孩子，在人際社交上常常碰壁。

多年任職私人助理的文娟，一身簡約打扮，説話明快，很有組織。傾談之間，發現她是一個求知型的母親，在乎「理」；也不會忽略人家的感受，兼顧「情」。

「我的家庭成員有丈夫、我、兩個兒子、家傭和一隻狗。長子現年十九歲半，年前到了加拿大升學。幼子十三歲半，現在唸中二，他有自閉症的特質。」文娟強調自閉症不是「病」，只是擁有某些不一樣的特質而已。

我不想他錯過治療時機

幼子兩歲半時忽然出現反常的倒退行為，文娟如何面對？文娟在培育自閉症兒子時，有何教養心得？當幼子在進步中成長，還入讀了主流中學的精英班，她又如何在適當時候放手，讓孩子在學習上不要過分緊張？

文娟回想當初發現幼子有倒退行為，很快由「震驚」轉為「鎮定」，果斷地尋求評估和轉介，只為把握訓練和治療的時機。

「從出生到兩歲前，幼子的發展一直很正常，各方面都符合發展里程。直到他兩歲半左右，我發現他有些不尋常的改變 —— 之前一直懂得做的事、説的話，竟然像未學過一樣！最初我們以為他在言語上出現了倒退行為，便帶他去做言語評估。評估分為兩部分，認知和表達。他在兩方面都有遲緩，認知遲緩了九個月，表達甚至遲緩一年，以一名兩歲半的孩子來説，也算遲緩得厲害。」當時幼子只會鸚鵡學舌，重述別人的説話，跟他説：「你好嗎？」他也只會重述：「你好嗎？」

文娟馬上安排幼子接受言語治療，同時替他找幼稚園入學。此時她亦發現，兒子除了言語能力倒退，也出現了一些自閉症傾向的徵狀，例如喜歡看旋轉的東西、堅持要行某些固定的路線、發脾氣時會把頭撞向家人或者咬人。

「看見他的古怪行為，我由最初一頭霧水，到後來去找更多資料，便發現幼子某些行為的確出現在自閉症的光譜範圍內。我馬上帶他到一間私人中心，由臨牀心理學家做評估，希望找出他有沒有自閉症傾向。」

事實上，家長的日常觀察，對補充評估資料十分重要。**家長及照顧者可協助填寫行為檢查表，或在面談時把觀察結果告訴評估者，都有助評估者了解兒童的能力及需要，讓評估更客觀準確。**

「當時幼子被評估為邊緣個案，即是介乎確診與非確診之間。我記得那位臨牀心理學家還問我：『你想不想我把你兒子寫成有自閉症傾向？如果我寫他有，用這份評估報告來排隊報讀特殊學位會快很多。』以兒子當時的情況，尚算能開口說話，只是說話的內容不合宜，他應該會輪候入讀『I 位』。否則，心理學家建議我們再觀察半年，看看兒子發展如何，再作下一步打算。我當時不作他想，馬上決定：『請你轉介他報讀『I 位』吧！』我只想他早些接受訓練。我知道『I 位』難求，我和丈夫已經想好，連學校地區也不用選，總之哪裏有學位，我們就去試。」

在香港，受政府資助的學前兒童康復服務，是由社會福利署負責中央轉介的，分為「S 位」：特殊幼兒中心；「I 位」：幼稚園暨幼兒中心兼收計劃；及「E 位」：早期教育及訓練中心。當中央轉介系統收到學額空缺時，便會為合資格的輪候兒童按其申請次序和所選地區編配。

在幼子入讀幼稚園的同一年，他被確診為「PDD-NOS」——待分類的廣泛性發展障礙（Pervasive developmental disorder not otherwise specified），是自閉症光譜的一種，可理解為「非典型自閉症」，指一般帶有自閉症的傾向，但那些徵狀卻不能具體歸類為自閉症或亞氏保加症。

他一時氣上心頭，竟衝向欄杆

自閉症孩子在社交、溝通上障礙重重。在學校，他們容易受環境影響，也會因為無法表達自己的需求和情緒而大發脾氣。若未能及時處理這些情緒波動和困擾，便會產生行為問題，例如大聲叫嚷、攻擊，甚至自我傷害。反之，若能妥善處理，家校並肩合作，自閉症學生一樣能有效學習，投入校園生活。

由於幼子的能力足以入讀主流小學，文娟便替兒子報讀區內一間融合教學的學校。為了讓升小一時銜接更順暢，她特意替幼子製作了一本背景資料冊，列明他的特質、歷年評估結果、接受過哪些訓練、什麼事情會刺激到他，請老師多加留意。文娟主動把資料冊交給校方，讓教導兒子的老師閱讀參考。

「我主張家長與學校多溝通。很多時候，未必是誰對誰錯，而是孩子不懂表達。學校很好，老師們都會淡化學生之間的磨擦，不會小事化大。要是老師能化解，就不用事事接觸家長。我覺得這樣處理非常好，因為一旦接觸家長，家長一定會有情緒起伏。」

家校合作建基於彼此互信，共同合作。家長坦誠，讓校方了解孩子的特殊需要，老師便容易作出調適和引導。

「有一次，幼子不知何故觸摸一位女同學，女同學的家長投訴。老師向對方解釋，不用我去解話，結果對方也接受了。我相信兒子，不擔心他行為會否過火，因為我深知他個性單純，一定是見到人家身上有些有趣的東西才會去摸，但我也會趁機教導他，以後不可以這樣摸人。」

文娟總結幼子六年的小學生活，也算無風無浪。除了一次特別事件，要驚動校長親自打電話給她——

「那一次，兒子突然從課室衝到走廊的欄杆前，想跳下去！老師當然大驚，馬上把兒子拉到一旁，給他輔導。那時他好像是四、五年級。收到電話時，我正在公司工作，看見是校長來電，心知不妙。校長在電話中解釋了事情的始末，指校方已在事後給予安慰和輔導，並請我回家後多關注兒子的情況。」

事後了解，兒子並非有什麼重大困擾，只是一時氣上心頭，情緒不能自控。兒子覺得老師誤會了他，但他不懂得表達和解釋。他的性格率直，只知道自己並非老師想的那樣，覺得被冤枉，便發脾氣衝出課室。

其實，早在幼子一、二年級時，已有輕微的情緒行為問題，例如常常躲在桌子下不肯出來，或者在上課中途走到課室後方，無所事事，有次還因為發脾氣大力抬起桌子，意外地撞到鄰座的同學。「兒子覺得老師誤會了他，無人明白他。他只是惱自己，氣上心頭便發出無情力，絕對無心傷害別人，也不會出手打人。」

「事後，我會向他了解事情發生的原因，有時候他也能說出大概：『我不是沒有做功課，只是找不出來。』有時他會來不及把功課交出，也許是混在書包或抽屜裏找不到。他明明記得帶功課，卻因為找不出來，老師就當他欠交，他就會爆發。我唯有教他處理方法：『老師不會知道你內心的想法，所以下次你要好好預備，事先把功課拿出來。』年幼的時候，他沒條理，書包總是亂七八糟，長大後已改善很多。」不過文娟與幼子分析時，也不是完全順利：「他也會找藉口，堅稱是老師錯怪。通常我會儘量聽他解說，但最後我會讓他知道，其實可以怎樣處理。」

進步，不是因為他聰明

學業方面，幼子一直有進步，升中後甚至入讀了主流中學的精英班，令人鼓舞。誰會想到，他兒時曾經被評估為智能偏低？

升小學前，幼子曾接受智力評估，正常人的智商約為一百，而他的智商低於平均水平，只有七十至九十左右。對於這個評估結果，文娟並不認同：「我相信幼子的智商沒有那麼低，我認為評估方法的客觀程度值得商榷，但這個報告不會影響我給兒子的訓練。」

直到幼子三、四年級時，接受另一次心理學家的評估，結果智商有一百多。「我覺得這個結果較準確，雖然他的智商真的不高，但這個評估結果較能反映他的狀況。兒子的讀書成績好，是因為他夠勤力，而不是天資優秀。」

文娟說，幼子的小學成績只在中游位置，不過一直有進步。一年級考第九十多名，之後逐年進步，六年級考得最好，排第二十九名。「他有進步，是因為他夠勤力。我只要求他在學習上跟自己比較、跟上次的成績比較。因為每個人進步的速度不同，人家可能會快些，他會慢些。他也接受這種想法，對於自己一直有進步，也很有成功感。」

「我把幼子的評估報告放進一個文件夾，現在他會懂得自己打開查看，知道自己有自閉症傾向，我覺得毋須隱瞞。我對他說：『你小時候就是那樣子，不過也沒什麼大不了，你看，你一直都在進步。』」

媽媽當訓練員

回顧十多年培養孩子學習的心得，文娟有她的一套。**第一，立場要堅定，手法則可以靈活。其次，認清功課責任，不宜過分緊張。**

「家居訓練一定要做，只差做多做少。我要用行動讓幼子知道，做訓練是一種習慣。以前他的小肌肉較弱，要做撿豆訓練，逐次用手指撿起黃豆，再放進瓶子。説實話，有時連我也覺得沉悶，他一定覺得更悶，因為他已經在外面訓練時做過了。看見他撿得累了，樣子很沒趣，我雖然要他照做，但會減少到十粒、八粒，讓他較易接受，不會一味逃避。」

督促子女做功課，往往令好些家長頭痛不已，文娟卻不會與兒子困獸鬥：「小學時，我只會給他簽手冊，看他有沒有做齊功課，不會逐一檢查他做得對不對。我跟他說清楚：『我的責任是簽名，你有做功課我便簽名，我不會檢查你對或錯，那是你的責任。如果老師説你錯了，你就要改正，重做時要多注意。改正也是你的責任。』有時看到他的數學題有明顯錯誤，我也會稍作提醒：『這條做錯了，你要不要改正？』他説不改，我就由他，反正老師也會要他改正的了。他知道是錯的，不過就是不肯改。」

「功課低分有什麼所謂？功課錯了，就知道自己的學習有何不足。若統統給他改好，他不會知道錯在什麼地方。功課，我都由他自己做。」

差一點，我也變成怪獸家長

當初知道幼子有特殊需要，文娟也曾千方百計去幫助他：「我也算是個瘋狂的母親！當我知道他有些不一樣的特質，便想盡辦法去查資料、上網、訂書、鑽研各種知識。我們試過無數種療法，高壓氧、脊醫、自然療法、生物醫學治療、戒奶戒麥……除了戒口，還要服補充劑，也試過打針注射，做過很多測試。我專門負責資料搜集，看看什麼方法能幫助孩子。我相信，每對父母都想把最好的給孩子。什麼是最好？每對父母的定義都不同，每個家庭能付出的都不同。我的想法是，即使做盡所有治療，兒子仍然進展不大，我都接受。」

「一直以來，我都有上班，從未停工。即使在幼子剛入學訓練時，也只是閃過一下：『好吧，我辭職，照顧幼子。』但不到十秒，就打消了這個念頭。因為我知道，若辭職在家教子，我會變成怪獸家長。這樣對孩子、對我也不好。如果我活得不好，心理狀態不好，對孩子一定不會好。就算我一天二十四小時在家照顧他，也未必能加速他的進步。」

哥哥資優，不過懶惰

哥哥是智商一百三十九的資優生，擅長立體空間和抽象概念，相比之下，弟弟會否感到自卑、落後？

「幼子知道哥哥很聰明，不過他也懂得說：『哥哥很聰明，不過他懶惰！』我就順勢回應：『對呀，你不聰明，但你很勤力。』他們兄弟早有分工，哥哥說：『將來，我們兄弟倆合作開公司，我負責用腦，弟弟負責執行！』哥哥也知道自己光想不做，所以由弟弟包辦所有工夫最好。有時聽見弟弟嘮叨哥哥：『你不要那麼懶散，快去唸書吧！』我就覺得很好笑。」

長子已到外國唸書，文娟也準備安排幼子到外國升學：「幼子很緊張學業，這樣一定會飽受香港的教育制度折磨。如果要他一直跟隨學校的步伐，他會身心俱疲，對他來說不是好事。」事實上，幼子在升中後，無論在學習、人際上，也面對更多挑戰。

「學校社工會安排一些像『大哥哥』、『大姊姊』的朋輩輔導員崗位給他們，助他們建立自信。幼子唸中二，今年他要協助中一新生適應中學生活。每星期有兩天陪新生吃飯聊天。他很自豪能當上大哥哥，但有時也會碰壁。有一次，這個輔導計劃安排了室內集體活動，周圍漆黑一片，兒子就一直說很害怕，不敢玩，全程由老師拖着他的手。我翻看活動照片，怎麼都找不着兒子的蹤影，原來他連吃飯時也是遠遠坐到一邊去。事後，社工也有告訴我，他整個上午都沒法參與活動。」

「他很着緊成績。他唸的中學，學習程度頗深，也會催谷學生，所以他能入讀這家學校，我也感到意外。但那是他選擇的第一志願，我只好尊重他。升中第一年，他的成績只是一般。但他真的很努力。我教他訂立短期目標，他在第一、二次考試，全部達標。今年升中二，他被編入精英班，我早已提醒他，在精英班要有心理準備，他會是成績最弱的一批。我有問過他:『你情願在非精英班考高名次，還是在精英班考榜尾？』他說情願留在精英班，因為非精英班的同學上課較嘈吵，令他難以專心。他聽不到老師講解，就會發脾氣，會很大聲要求其他同學不要吵，同學們都不喜歡他。」

他有他的個性，有他的人生

「這羣不一樣的孩子，往往走一步退兩步。有時我也會質疑:『明明上次做到，怎麼現在又打回原形？』當然我也會發脾氣，只好安慰自己:『我也是人，我也會有情緒』，儘快平伏心情。」

「最難忘的一次，他在一、二年級時參加朗誦比賽，當時我也在場。低年級的男同學聲線很尖，朗誦時的語氣、表情、動作都會很誇張。豈料，兒子竟然在人家比賽時格格格地大聲笑出來！雖然當時不止他在笑，許多站在後排的家長也在笑，只不過評判只聽見他的笑聲。評判警告了他一次、兩次，兒子還是忍不住笑。有一名工作人員馬上揚聲問：『這位小朋友的家長在哪兒？』我只好舉手。現場所有人的眼睛都望向我，其他家長也竊竊私語，說我的兒子太離譜、沒家教……工作人員說，要是這孩子繼續這樣，就請我帶他出去。當時真的很尷尬，恨不得挖個洞躲起來，兒子卻不當作一回事。那次真的令我畢生難忘，因為我帶他去比賽，丈夫不在身旁，我要如何反應呢？難道逃之夭夭，不認我是他的家長？我沒有氣兒子，只是『淚向肚中流』。說真的，當時參賽者的演繹真的很好笑，不少家長也在掩嘴巴笑，兒子不過是表達的方式不合宜，不懂得掩飾而已。」成人世界的眉頭眼額、社交的潛規則，就是他們經常碰壁的地方，往往需要善意的提點。

「孩子未出生時，每個家長都希望孩子健康、快樂；出世之後，又會加上很多期望，希望孩子名列前茅、出人頭地。我問自己，希望幼子怎樣？我真心希望他健康、快樂。到現在為止，他真的健康、快樂。在他的世界裏，好像不太曉得愁的滋味，要開心便開心，愛鬧脾氣便鬧脾氣。他有他獨特的個性，有他獨特的人生經歷。」

給孩子的心底話

孩子，希望你能繼續做一個快樂、健康、有用的人。

我相信你的出生、你的生存，是有特別意義的。

正如每個人來到世上，都有其意義。

希望你能找到明確的生存目的，

做好你能勝任的事。

文娟

4. 我的女兒是夜青

「看她一身的吻痕和血痕，我直想昏過去！」

牆上的掛鐘，時針指向凌晨三點。

她已經等得太累，明天又要早起上班，只好躺到牀上去。眼睛雖合上，腦袋卻不能停下，想的都是幼女的事情。三更半夜了，女兒跟哪些人在胡混？街上有什麼好玩？她回來時，會不會又滿身血痕？她究竟知不知道，全家人都在擔心她？

女兒結識了一班死黨，最愛在街頭消磨長夜。碼頭、公園、沙灘、便利店，都是徹夜流連的地方。有時候踩滑板，有時候猜枚，有時候無所事事，總之她不想回家。女兒知道有些事情在變化，有些問題未解決，但她不願去想，也不願別人過問，最好這世界沒人管她。

母親和她的夜青（夜遊青少年）女兒，度過了一個又一個無眠夜。這場家庭風暴，不知道從何時開始醞釀，也不知何時會平息。

由名校女生到街頭夜青

詠嫻說，日間，幼女是名校女生；深宵，她是街頭夜青。

這位反叛少女，曾是母親口中的窩心小女孩。每當詠嫻累了回家，才三四歲的幼女，已懂得鑑貌辨色，會出盡法寶來逗母親歡喜：「媽媽，來喝杯水吧！」「媽媽，你看我畫了什麼送給你？」回憶中，母女之間有許多甜絲絲的片段。詠嫻一直以為，幼女從幼稚園已與長女一起入讀名校，在安定中成長，她的人生軌迹，應該是筆直平坦的……

直到幼女十五歲，在升中三的暑假參與了一個課外活動，結識一班新朋友，行為便出現突變。初時，她為了要求通宵去玩，會大鬧情緒、狂哭、用粗口罵人、瘋狂打機不上學。後來，她乾脆走出家門，不接電話，不說行蹤，成了街頭夜青。帶回家的，是顯眼的吻痕，或是自殘的血痕，令母親惶恐不安。看見幼女的偏差行為，詠嫻既動氣，也心痛。母女間的撕裂愈來愈大，甚至要由警察來調停。

也許是成長期的衝擊，加上學業挫敗，加上家庭問題，還有新朋友的誘使……把女兒的世界顛覆過來。訪談中，詠嫻說了不止數十次：「我很擔心！」她的憂慮、她的鬱結，原來又跟她傷痕累累的家庭經歷有關。一直活在死亡陰影下的她，說出過來人的心聲，盼望女兒能打開心窗。

事實上，兒童及青少年的偏差行為，也是特殊教育需要之一。尤其當青少年進入發育階段，往往面對許多生理、心理上的變化，假如他們不能適應這些急速的變化，便可能出現各種情緒行為問題，例如逃學、離家出走、偷竊、暴力、未婚懷孕、濫藥、自殘、自殺等。假如身邊人能在適當的時候，提供幫助，也許能避免這些過渡期的變化，演變成摧毀人生的問題。

我感到兵敗如山倒

詠嫻憶述，女兒在幼年已很聰慧，腦筋轉得快，學習速度也快：「比起同齡的孩子，幼女是很卓越的。她一歲便懂得説話，姊姊比她大三歲，吵架也會輸給她。我教導長女時，幼女會一邊玩耍一邊聽，之後私底下跟我説：『你講那麼久，為何姊姊還不明白？我都懂了！』那時候她三歲不到。幼女跟長女明顯不同，幼女的心思可以分散到四面八方，不停接收訊息，好比『張開天線』一樣。」詠嫻認為，這種「張開天線」的個性，會影響幼女的專注，容易被其他事情干擾學習。

幼女也善於人際交往，懂得鑑貌辨色：「有一次，我帶幼女去拜訪一位朋友，當時朋友正給她的大兒子訓話，説他有什麼不對，豈料幼女竟出言安撫:『大哥哥知錯了！你這樣罵他，他會不開心呢！不如你這樣告訴他吧……』朋友説，幼女真厲害。在學校，幼女很受歡迎，因為她愛交朋友。長女曾説：『妹妹真厲害，她來課室找我，不一會已跟我的同學混熟了，連人家的名字也一一記得。』她很容易跟人家聊上，大小不拘。」

幼女從幼稚園、小學到初中，只有小作怪，沒有大出軌。直至升中三那年的暑假，就讀女校的她出現翻天覆地的改變。

詠嫻説：「當初，我希望她參加一些團體訓練學習紀律，增加體驗。很不幸，她參加訓練之後，噩夢就開始了！女兒結織了那團體的前成員，還有他在外面的朋友，這些人不斷拉她出去玩。本來我想她學捱苦、學紀律，怎知她去學壞！」

「兩三個月之後，簡直完全大變！自此，幼女不再交代行蹤，開始夜歸，經常想着出去玩，我不准許，她就鬧情緒。以前，女兒總是順着我的。鬧情緒時，她會嚎哭兩三天，不肯做功課，只顧不停打機，用粗口罵我。她有情緒起伏，我也有。我很強硬地對待她，以致家裏的氣氛很火爆，她也離我愈來愈遠。我只感到兵敗如山倒！

「那次她發了很大脾氣，哭着説：『媽媽，你不准我出去玩，這樣下去我會無朋友！我不會再聽你話的了！』她很憤怒，可是我也氣得出不了聲。如果我出聲，可能會把她罵個半死，但我真的沒見過她發這麼大的脾氣，當時連我的心也怯了。我想不通：到底發生了什麼事？為何女兒只聽外人的話，卻不聽媽媽的話？明明她一直都很安份的。

「女兒再轟炸我：『我就是要出去玩！你把我困在家中，我就順你的意，留在家什麼也不做！』當時，我內心真的敲響警鐘。丈夫又跟我打對台，説我事事不准許，幼女自然不高興，不如准許她出去玩，當給她一些甜頭。我跟丈夫的管教方法有衝突，也構成夫妻間的壓力。」

一直以來，幼女的生活圈子都很簡單，只圍繞着家庭、學校，詠嫻對她在外面結識不明來歷的新朋友，頗有意見：「我真不明白，為何女兒交朋友總是來者不拒？好像相識滿天下，不會挑選朋友。初時，幼女會在言談間透露新朋友的背景：『到了他的家，地方很小，沒幾個房間，還跟叔叔一起住……為什麼有些人的生活會這樣？』你便知道她的朋友背景較複雜。她在外面的朋友，有些年紀比她小的，我也會擔心，她會不會當上『大家姐』？我知道她有這種本事，真怕她在外面擴大自己的勢力。放學後，有許多陌生人打電話給她，而通訊錄的名字都是用代號，什麼『怪獸』、『野人』，根本無法猜想他們是何許人！女兒在外面結識了許多品流複雜的人，我很擔心，結果我暗中查看她的面書。我知道這樣背叛了她對我的信任，但我真的別無他法！

「我看到她在面書跟朋友的對話。原來，有次女兒跟我吵架，她在網上向朋友訴苦，那朋友竟然教她向我報復！看到這裏，我只有揪心的痛。

「很快，她經常夜歸，甚至在外面玩通宵。放學後不知所蹤，又不打電話給我，我很擔心她的安全，怕她一走了之。我瘋狂地打她的手機，她也不聽電話。全家人就在沙發上等她。到她回家了，我問她：『你知不知道我們都很擔心你？為什麼你不給我們打一個電話？』她只講了一句：『我要是問你，你一定不准我出去，我為什麼要告訴你！』説罷便回房間去。幼女的行為，就是不斷試我的底線。我用盡方法，用盡我的愛，用盡所有人去幫忙，都沒法讓女兒變好。」

她這樣傷害自己，我嚇呆了

對於幼女的劇變，詠嫻百感交雜。想起那個驚心動魄的畫面，詠嫻的淚水滾滾而下⋯⋯

「那次，幼女在凌晨十二時還未回家，我一直放心不下。當時我已有抑鬱的狀況。丈夫見我快要崩潰，着我先回房間睡，他在客廳等。我也真的太累了，便躺在牀上，可是怎也睡不着，只是一直哭。到了半夜兩三點，聽見有人開門，我已經累得不能起牀。第二天我問丈夫，他說女兒看來沒大問題，問她為什麼夜歸，她也是一聲不響便回房間。過幾天，就是農曆新年，年三十晚她說要在外面玩通宵，我也阻止不了她。

「到了年初一早上，我們一家要去拜年，我見幼女玩通宵後不願起牀，便掀開她的被子。那一刻，我真的嚇呆了！我看見⋯⋯我看見女兒穿着背心，雙臂佈滿一道又一道自殘的血痕！血痕看來是新添的，應該是數天內弄出來的。女兒馬上蓋回被子，大發脾氣：『你別管我！』當時我震驚到動彈不得，像被人點穴一樣。晚上我跟丈夫說起，他才想起數天前女兒夜歸，發現女兒的校服沾了血漬，問她何事，她只說是身邊的朋友摔破了酒瓶，不小心弄傷了她。看見她的血痕，我真的很傷心，不明白女兒為何要自殘。

「數天後，我發訊息把內心感受告訴她，但幼女完全不回應，也不說出為何她會自殘，無人觸摸到她的內心。我們試過用不同方法，可是，她一句也不肯透露。她也不再跟姊姊說心事，認定了姊姊是母親的內鬼。那段時間她總是穿長袖衣服，不許我們觸碰她，任何身體接觸都不喜歡。」

詠嫻説，這些變化都是半年間發生的事。印象中，女兒一直是個無憂無慮的孩子，頃刻變成自殘少女，變化之快，殺她一個措手不及。

「有一次，幼女夜歸回家，我發現她臉上頸上佈滿吻痕。當時她才剛滿十六歲，我看見她這副樣子，心情真的很難過。女兒只是垂下頭，試圖用長髮遮掩吻痕。我忍不住質問她：『為什麼你頸上都是吻痕？』她表現出滿不在乎的樣子，説：『我跟人家猜枚，猜輸了便要被人吻。』我説：『豈有此理！這樣的遊戲你也去玩？』她沒好氣地説：『有什麼問題？你少囉嗦吧！人家都是這樣玩的。』」

整個家快散了

「丈夫很傷心，長女快要考公開試，看見妹妹這樣也很難過，全家一片混亂。丈夫心情不好，卻找長女陪他看電視到深宵。我擔心這會影響長女準備考試，丈夫反説：『你不要無時無刻迫女兒唸書！看，幼女已經被你迫成這樣！』他將所有矛頭都指向我。為了幼女的事，我們夫妻間經常磨擦。丈夫總覺得我管教過嚴，把女兒迫走。我沒法管束女兒，向丈夫求助，他竟冷冷拋下一句：『我只負責賺錢養家，我給錢你用，你就搞好家庭！你不能管不好女兒就找我出手，我不是來幫你教女的！』是晦氣話也好，是真心話也好，總之我們夫妻間的衝突很大。」

詠嫻最困擾的時候，尋求輔導的協助，之後還帶同丈夫和幼女一起接受輔導，嘗試為打上死結的關係找出路：「輔導員建議我們跟幼女約法三章，她可以在深夜去玩，唯一要求是她必須定時報告行蹤。輔導員定下規矩：幼女要分別在凌晨一時、三時、五時發訊息給我，讓我知道她的行蹤，就算傳一張照片、打幾個字也可以。

「本來，我覺得這種做法非常荒謬，這樣豈不是『中門大開』，讓女兒理直氣壯玩通宵？丈夫卻同意，認為總比女兒不知所蹤好。在會議室的四個人，有三人同意，只有我反對也沒用。結果，幼女出去玩通宵時，真的在凌晨一時、三時、五時發訊息給我。我看照片，都是一些公園、滑板場、碼頭……全是在街頭流連。好端端一個名校生，竟變成街童，你說我心痛不？

「有一晚，我們全家外出跟親戚吃飯，本來氣氛很好。飯後，當時唸大學的長女說跟朋友去玩，幼女也說要去，原來她想趁機會合她的朋友。我知道了當然不准。幼女待其他親友走了，就在街上發難，大聲用粗口罵我。我和丈夫火起也回罵她。我趁機搶了她的手袋，她瘋狂地質問我是否不准她去，我説當晚一定不行。她竟然一屁股坐在地上：『你不讓我出去，我就不起來！』當時已是凌晨十二時，我們就這樣在街上僵持。我再也沒她辦法，便私下打電話叫警察。當時大家都很氣，只能找個中間人調停。警察提出了兩個方法，一是幼女軟化跟我們回家，二是我和丈夫陪她站在街上一整晚，讓她感到父母是關心她的。幸好，最後女兒軟化，答應警察跟我們回家。」

她想要的只是認同

在青少年尋找自我的過程中，除了面對個人、家庭的挑戰，學校生活也是重要一環。詠嫻認為，幼女從初中時，在學習上已經得不到認同，也不屬於名校重點栽培或乖乖的學生，在學校好像被放逐，讓她愈走愈歪。

「此後，女兒的成績一落千丈。中三那年，她只在考試前一兩個星期，臨急抱佛腳，但求及格升班便算。中四時，學習態度更差，經常遲到，又會無故缺席，對讀書和考試愛理不理，總是玩到半夜才回家。考試才唸書的方法已不能奏效，結果中四要留級。不過，學校的教育方針也有問題，只把機會留給成績好的學生，成績不好的，除非肯聽教聽話，否則不會得到任何發展的機會。我感到幼女在學校得不到認同。其實每個學生都有他的價值，但學校沒看到。」

至今，詠嫻仍未能從女兒口中了解她的困擾，到底她內心有什麼巨大的痛苦，需要用自殘的方式來解脫？惶恐不安的感覺，一直籠罩這位母親的心頭：「初時，幼女知道我見到她割手的血痕會很傷心，會穿上長袖衣服遮掩。到後來，割手也不止，連腳也割了！本來女兒一直穿長褲，我也不會知道，但有次她因為扭傷要泡腳，我見她遮遮掩掩，便忍不住動手拉開她的褲腳，怎料見到她的雙腳佈滿血痕……我很害怕，真的很害怕，那個畫面深深印在我的腦海。此後，我總是留意她有沒有新的傷痕，總是提心吊膽。我不明白，為何女兒要這樣糟蹋自己的身體？我身為人母，真的過不了這關！」

詠嫻的腦袋不停在想幼女的事情，每晚傷心到不能入睡，白天帶着沒有靈魂的軀殼上班，眼淚總是不由自主流下來。不過，即使在抑鬱的最低潮，詠嫻也沒想過要自殺。只因為，她背負着一段不可告人的沉痛經歷……

眼淚只裝在肚子裏

「為什麼我不想自殺？這關乎我的過去。我的母親，就是不停地自殺，她有嚴重精神分裂症。

「小時候，我見過她自殺。有次她跳海，父親衝去救她。有次見她在廚房拿起刀子，想朝自己的手剁下去！我當時嚇得一聲不吭，悄悄地走出廚房，通知外婆。長年以來，我知道她用盡各種方法自殺！

「回顧我的成長過程，我一直表現得很乖、很冷靜，但其實我完全不會表達自己。我不會向師長好友説母親的事，只會把傷痛深深地埋在心裏。我堅決不會自殺，因為我知道自殺會傷害家人。母親自殺的事，一直把我傷害到現在，所以我一定不會選擇這條路，令我的家庭傷上加傷。」

詠嫻母親的自殺傾向，成為她揮之不去的童年陰影。想不到，另一位摯親的離世，令她的內心變得更沉鬱……

「誕下幼女後，家人才告訴我，父親肺癌病重，時日無多。我只探過他一兩次，家人便説他『走了』，又不讓我去靈堂。我以為家人不想我產後過度傷心。幾年後，母親不經意地說溜了嘴，原來父親是在醫院跳樓自殺死的！我知道後，眼淚一直流。就這樣，我把死亡的傷痛，抑壓在心裏多年。我甚至認為，哭是沒有用的，我恨自己哭。」

我一直把重擔扛上

「這一兩年我才明白，我一直把家庭的重擔扛在自己身上，所以不懂得怎樣去玩、怎樣享受生命。我要求自己有規有矩，結果承受很大壓力。當幼女進入反叛期，她愈來愈感到媽媽是個要求規矩的人，不會明白她的心情，不能理解她的痛苦。如果可以改變過去，我想我會花多些時間陪幼女玩，不會把心思全放在長女的功課上。我希望大家可以儲起多些開心、愉快的回憶。就像在小學階段，幼女總是懂得安撫我。當我不開心，她很快感應到，會馬上逗我:『媽媽，跟我一起玩吧！』她會用她的方法來讓我平復。

「長女給我的感覺是『安心』，幼女則是『窩心』。我跟長女，只要『摸心』就可以；跟幼女呢，想『摸心』也摸不到！也許是我的管教方法有問題，以為可以把教大女的方法，照辦煮碗，卻忽略了幼女真正的需要和感受。」

除了青春期的影響，學業壓力、家人關係、家庭環境的變化，也會衝擊青少年的成長。詠嫻承認，那段時間，家庭真的有事發生，而她從不知會對女兒影響那麼大。

「直至長女考公開試，她跟我有些衝突，在她情緒低落時，她說：『媽媽，有一年你跟爸爸吵架，吵完之後，你知不知道我失眠了整整一年？是整整一年呀！那時候我和妹妹猜想，你們會不會離婚？離婚的話，誰跟爸爸，誰跟媽媽……』原來她們私底下曾商量這些事。我真的不知道她們內心有陰影，我還以為她們成長得很好。

「我跟丈夫儘量不在女兒面前吵架。可能那時我們在家的天台說話太大聲，給女兒聽見。在那一兩年間，發生了兩件事，把我們夫妻的關係弄得很僵。其一，丈夫賭波輸了很多錢，在債台高築下，不得不按樓還錢。我真不明白為何他可以這樣不負責任，我要丈夫白紙黑字立下誓約，他日再賭錢欠債，我會帶走兩個女兒，跟他離婚，他要放棄女兒的撫養權。」

除了夫妻關係惡化，詠嫻的家庭還出現一個重大轉變：「在幼女中二時，我的母親情緒出現問題，又開始自殺。原來她年紀大，記憶力衰退，沒法按時按量服用精神病藥。她不住院時，我想貼身照顧她，便一家四口搬去跟她同住。

「但當幼女跟婆婆同住後，她從起初很疼愛婆婆變為討厭。婆婆有幻聽，幼女説婆婆不時在她上學時致電給她，令她很煩擾。大家在生活上常有衝突。幼女不明白，為何從前她很疼愛的婆婆，現在變成煩人的婆婆。當她心情不好時，婆婆一句説話，就能引爆她的情緒。」

最後，詠嫻總結女兒由名校女生變為街頭夜青的原因，也許是反叛期的衝擊、家庭的問題、學業的挫敗、新朋友的引誘，交集成一個漩渦，把女兒扯向黑暗。

她願意報告行蹤了

在持續的輔導下，現時幼女的情況已經穩定下來，至少沒再惡化下去。

「現在，女兒夜歸的情況有所改善，大部分時間都有回家吃晚飯，一星期只有一晚在外面玩通宵，比起以前不肯接電話、不知行蹤，已經改善很多。現在發訊息給她，她都會回覆我。在家也少了講粗口，沒發那麼大脾氣。以前她總是板着臭臉，警告你不要惹她。

「今年，她已經主動上學，有時遲到五分鐘、十分鐘，起初一星期只遲到一天。我知道她已經很努力改善自己，展示改變的決心。在學校，她受過那麼多白眼，聽過那麼多冷言，她也盡力去保住出席率，不讓自己被踢出校。」

女兒的困擾並非一朝一夕而成，詠嫻也不期望它們會一夜解決，只希望女兒能把心聲説出來，讓自己的人生輕省一點：「女兒把自己封鎖起來，總是不肯打開心窗，不肯講出她的困擾。我是過來人，我知道當你不肯打開心窗，只不過是把問題深深埋藏着，當有事情觸發那些問題，就會一下子把所有怨憤爆發出來。

「我曾經以為，只要把自己的問題深深埋藏，強迫自己忘記那些不快，就不會有事。原來我一直處理不到那些負面情緒，到現在女兒出事了，我所有的問題便一下子爆發出來。試想想，像我的年紀，五十歲了，到今天才來學習面對自己；對於一個十來歲的年輕人，她會如何懂得去舒緩？這一點，我是諒解女兒的。

「我真的很希望，她可以把內心的垃圾倒清，可以很輕省地走她的人生路，找到更好的生活方式。」

「家」這個結，千絲萬縷，真的不容易解開。從詠嫻的口中，聽到了母親的心聲。然而，從女兒的角度去看，又會否是另一個版本的成長故事？趁還有人願意開口說，希望這點心聲，能成為母女間修補關係的一點助力。

給孩子的心底話

孩子，感謝你小時候帶給我這麼多愉快回憶，

你和姊姊都帶給我很多正能量。

也許，在你們成長的過程中，媽媽有許多事情做錯了，

沒有花時間了解你們，

也不理解你們的心情。

假如媽媽有做得不夠好的地方，

我願意跟你們說：「對不起！」

要説多少句「對不起」，我也願意。

我只希望我的女兒能清理內心的垃圾，

能面對自己的情緒。

在你的生命裏，一定要找出方向，讓自己正面向前。

不是為了媽媽，而是為自己去做。

我希望你懂得什麼是真正的愛，

這是一門不簡單的學問，

像媽媽五十歲了，還在學習。

原來，有時我用錯了方法去愛，

將愛變成了重擔，

我真不想你們重蹈覆轍。

我希望，我的女兒能感受真正的愛，

同時也能把愛分享給別人。

詠嫻

採訪感想

訪問了四位不同類別特殊教育需要孩子的家長，除了探討這些不一樣孩子的特質，我還嘗試找出家庭中的矛盾，希望更深入聽到家長心聲。

到底，情感澎湃的母親，如何跟機械人一般的亞氏保加症女兒相處？家有虎爸，還有兩名專注力不足 / 過度活躍症的兒子，媽媽夾在中間，有多無奈？長子是資優生，幼子則有自閉症傾向，母親如何在教養上調節？看着女兒由名校女生變為街頭夜青，甚至自殘，母親心如刀割，如何反省管教方式？

從接觸和服務有特殊需要孩子的經驗，我發現社會人士戴着許多有色眼鏡，看這些孩子，看家長。事實上，這些不一樣的孩子，本身已面對非一般的挑戰，有的甚至有多於一種特殊需要。旁人往往直覺是家長的管教有問題，讓家長有口難言。

透過這些訪談，希望抽絲剝繭，展現家長如何發現、面對、幫助孩子，並重建家庭關係。

感激受訪的母親，她們很勇敢，願意以過來人的身分，坦誠剖白心路歷程。訪談猶如坐上情緒過山車，有真情，有激動，也有苦淚漣漣。一旦説到子女的進步和值得欣賞之處，母親眼中又閃出亮光。除了一段段刻骨銘心的親身經歷，文章還特意開闢了「給孩子的心底話」，讓母親直接對孩子說出心聲，當中有盼望、有祝福、有反省，更重要的是充滿不離不棄的愛。

當然，家長的心聲只是其中一個視角，也有局限。如果有機會訪問孩子的心聲，也許會讀到另一些故事。

最後，寄望社會人士、前線工作人員、其他家長、同路人，能多點認識這些不一樣的孩子，對家長多一點理解。

讓我們祝福，守護，支持，同行。

總結：再思家庭經驗

聆聽故事

每次描述家庭的故事時，我不期然都會回想這是個怎麼樣的家庭，家裏發生了怎樣的事，與案主的困境和成長機會有何聯繫？每一個家看似簡單，由幾位成員組成，但組合出來的家庭情景和關係卻截然不同。我嘗試將不同類別的家庭觀念，聯繫案主所陳述的表徵問題，按他們説出的不同生活片段，努力建構一幅立體的家庭圖像。這幅家庭圖像就像初繪的地圖一樣，只有幾個檢測點，對我卻尤如手握指南針，鋪設成探尋理解他們世界觀的路徑。

在探訪家庭時，要盡力觀察和記錄成員間的對話，透過各人所用的不同詞語和語態，探索各人對當前困境的觀點和理解。關鍵是掌握他們説話的內容、運用的詞句、講述的語態、説話的對象等，這些都可以反映家庭成員的相處動態。治療者如何聽和聽到什麼，會受自身的社會階層、成長經驗和生活文化所影響。當他忽視自己慣常使用的語言，與求助家庭的用語存在差異的話，很容易偏聽，只聽到自己選擇的內容，往往還未弄清楚狀況，就自以為是，不自覺地急促下判斷，錯誤引導了輔導方向。

我們對不同類別家庭的理解和認知，就如學習運用指南針讀地圖一樣，知道如何從那方向着手探索。我細閱不同家庭案例記錄下來的對話、反復重讀，從家庭提供的零碎資料中，按圖索驥，追溯那些千絲萬縷的情況，找到不知如何着手的結，冀清理阻礙孩子成長的障礙。我運用「互動相處」的介入手法，在當下所身處的情境中，推動家庭成員直接對話，將他們連結起來；當各人都有表述觀點的機會，家庭成員就有機會彼此聆聽，轉機就可能出現。

視角的差異

誠然我們也受着家庭成員所運用的言詞局限，他們未必有豐富的詞彙來表達自己所想所感。何況家庭成員的關係錯綜複雜、千絲萬縷，無法三言兩語道盡。每一個受助家庭都經歷了無助，所以我們期待自己的言行態度和細心診斷，轉化家庭成員不良的溝通互動模式，協助家庭走出困局。就像甘露滋潤了枯乾的花，當下使受助者的生命多一份支持、增添一點希望。

每次走進家庭，我都刻意留心每位家庭成員的容貌神情、言語動作、選擇的座位，衣着打扮等，捕捉當下的家庭實況和互動關係。孩子是家庭關係網絡中的重要成員，面對孩子的情況，家庭成員不一定能「理性」表述，總是充滿「非理性」情緒，對家中所發生的事也有着不同的解説。我要學習及敏鋭於他們陳述的不同觀點，嘗試從他們的觀點看事物，尤其當各人的話都是不無道理。

在思考治療方案時，我嘗試掌握捕捉那「進出」家庭系統的時機，避免以直接的因果關係描述問題的成因，竭力探索背後錯綜複雜的家庭關係。如果我們輕率以為對問題已擁有絕對真確的理解，便很容易以個人的認知世界判斷受助者，墮入控制別人改變的危機裏。

自主求變

一直見證那麼多家庭成長，我體會每一刻都存在着可變的因素。

「變」是那麼的不確定，卻又是有迹可尋。治療者隨着當下的變化，抱着「不肯定」的好奇心，追尋這個家庭習以為常的生活軌迹。

「變」又是那麼自然，家庭隨着生活情境或結構而產生改變，我們豈能簡單論斷。

「變」是教導我們尊重生命的可能，今天的困境，可以成為明天的祝福。

「變」亦彰顯家庭的生命力，即使經歷患難痛苦，成員都沒有放棄生存的希望。

「變」是生命影響生命的過程，也會受到生活情境的限制。若然我們置身受助家庭所遭遇的困局和情景，亦未必應付得來。他們教導我們珍惜這一刻生命所擁有的，領悟我們所能作的是那麼微不足道。

「變」需要一顆柔和謙遜的心，因受助家庭所帶給我的人生智慧，比我所知的更多。

「變」會帶來危機和適應，所以家庭在變動中力求保持「不變」是可以理解的。

「變」需要一份關懷與愛，促進治療師與家庭建立信任的緊密關係。因治療師抱着對該家庭的信任和了解，家庭才容讓治療師參與尋找轉變的機遇。

「變」伴隨着當下的心境發生，每當嘗試改變問題的焦點時，才會發現其他可能性。

我慶幸有機會聽到各個家庭的生命歷程，體會每個成員的想法。每次探訪家庭後，改變的豈只是受助家庭，我也察覺自己的轉變。誠然他們走過的每一段經歷，都使我驚歎於人生無常和生命可貴！

鳴謝

家庭是個人成長的生命園地，我們有幸成為滋潤家庭的園丁。

這本書記錄不同特殊教育需要孩子及家庭的生命故事。我特別感謝故事中的家庭及接受專訪的家長，給我機會進入他們的家庭生活，見證家庭的成長故事。過去兩年，我努力構思如何呈現特殊教育需要學童的多面性，給讀者嶄新視角理解他們的發展需要和心智特性。

感謝鄺寶芝小姐，她運用新聞專業和傳媒採訪的工作經驗，協助筆者為個案家長寫訪談，替不同類別特殊教育需要學童的家長道出心聲。

與家庭同行，我常心懷感恩，目睹孩子縱然經歷重重困難和考驗，卻以努力和勇氣面對和克服先天障礙。同時，我深刻體會父母及其他家人，為子女創造美好生活，對孩子成長的那份承擔和無盡的愛。

筆者懇切感謝曾義務參與家庭探訪或面談的專科醫生、言語治療師、物理治療師和教局前首席督學的支持，他們與我跟隨家庭的成長步伐，陪伴孩子走過生命的艱難之路，一起見證他們生命的各種可能。儘管我們嘗試運用醫學、心理輔導、家庭治療和臨牀經驗的專業介入，我們不敢自詡是專家學者，事實上所作的微不足道，寶貴的是與家庭同行並努力察覺新的圖像，拓展孩童個人、家庭生活及其人際和社會關係。我們邊做邊學裏頓悟，若能為相遇的家庭彼此滋潤，彼此祝福，也是園丁的追求。我非常珍惜同行的機會，書寫這本書亦是我個人對弱勢社羣的關懷和貢獻。

最後，我感謝突破出版社策劃編輯伍詠慈小姐的專業協助，這一切美好的人和事為我的臨牀專業寫下新的生命故事。

參考資料

Attwood, T., Moller Nielsen, A., & Callesen, K.(2004). *The CAT-kit: Cognitive Affective Training*. www.cat-kit.com

Attwood, T.(1998). *Asperger's Syndrome: A Guide for Parents and Professional*. London: Jessica Kingsley Publishers.

Baron, I. S.(2004). *Neuropsychological Evaluation of the Child*. New York: Oxford University Press.

Barkley, R.(2006). *Attention-Deficit Hyperactivity Disorder: A Handbook for Diagnosis and Treatment(3rd ed.)*. New York: Guilford Press.

Beck, A. T.(1976). *Cognitive Therapy and the Emotional Disorders*. Madison, CT: International Universities Press.

Beck, A. T., Rush, A. J., Shaw, B. F., & Emery, G.(1979). *Cognitive Therapy of Depression*. New York: Guilford Press.

Beck, J. S.(1995). *Cognitive therapy: Basics and Beyond*. New York: Guilford Press.

Beverly, O.(2010). *Language Development in Early Child*. Upper Saddle River, NJ: Merrill-Prentice.

Blanche, E., Botticelli, T., & Hallway, M.(1998). *Combining Neuro-Developmental Treatment and Sensory Integration Principles*. Tucson, AZ: Therapy Skill Builders.

Carter, M., & Santomauro, J.(2004). *Space Travelers: An Interactive Program for Developing Social Understanding, Social Competence and Social Skills for Students with Asperger Syndrome, Autism and Other Social Cognitive Challenges*. Shawnee Mission, KS: Autism Asperger Publishing Company.

Cheung, S. K., & Lam, C. W.(1992). *Report on the Study of Adolescent Depression*. Hong Kong: The Boys' and Girls' Clubs Association of Hong Kong.

Connor D. F.,(2002). *Aggression and Antisocial Behavior in Children and Adolescent: Research and Treatment*. New York: Guilford Press.

Conners, C. K.(et al.) (2001). Multimodal Treatment of ADHD in the MTA: An Alternative Outcome Analysis. *Journal of the American Academy of Child and Adolescent Psychiatry*, 40(2): 159-167.

Cozolino, L.(2002). *The Neuroscience of Psychotherapy: Building and Rebuilding the Human Brain*. New York: Norton.

Diagnostic and Statistical Manual of Mental Disorders(5th ed.).(2013). American Psychiatric Association.

Elisabetta, F.(ed).(2002). *Clinical Linguistics: Theory and Applications in Speech Pathology and Therapy*. Amsterdam, PA: John Benjamins Pub.

Erikson, E.(1963). *Childhood and Society(2nd ed.)*. New York: Norton.

Erikson, E.(1982). *The Life Cycle Completed*. New York: Norton.

Forgatch, M., Bullock, B., & Patterson, G.(2004). From Theory to Practice: Increasing Effective Parenting through Role-Play. In Steiner H, Ed. *Handbook of Mental Health Intervention in Children and Adolescents: An Integrated Developmental Approach*. San Francisco, CA: Jossey-Bass, 782-813.

Froelich, J., Doepfner, M., & Lehmkuhl, G.(2002). Effects of Combined Cognitive Behavioral Treatment with Parent Management Training in ADHD. *Behavioral and Cognitive Psychotherapy*, 30(1): 111-115.

Greenberg, M. T.(1999). Attachment & Psychopathology in Childhood. In Cassidy J., & Shaver P. R., Eds. *Handbook of Attachment: Theory, Research, and Clinical Application*. New York: Guilford Press, pp.469-496.

Gutstein, S. E. & Sheely, R. K.(2002). *Relationship Development Intervention with Young Children: Social and Emotional Development Activities for Asperger Syndrome, Austin, PDD and NLD*. London: Jessica Kingsley Publishers.

Hans, S., Julia, H., Pascale, G. S., Rebecca, E. H., & Hayward, R. C.(2011). Psychiatric Diagnosis, Case Formulation, and Treatment Planning Along the Principle of Developmental Psychiatry. In Hans Steiner, Ed. *Handbook of Developmental Psychiatry*. Hackensack, NJ: World Scientific.

Hollon, S. D., & Beck, A. T.(1986). Cognitive and Cognitive-behavioral Therapies. In S. L. Garfield & A. E. Bergin, Eds. *Handbook of Psychotherapy and Behavior Change*(Part III, chapter 10). New York: John Wiley & Sons.

Hong Kong Family Welfare Society(1989). *Strengthening Families: A Collection of Frontline Experiences*. Hong Kong: Hong Kong Family Welfare Society.

Hong Kong Association of Speech Therapists(2005). *Constitution of the Hong Kong Association of Speech Therapists*. Hong Kong: The Hong Kong Association of Speech Therapists.

Hsu, J.(1985). The Chinese Family: Relations, Problems and Therapy. In W. S. Tseng., & D. Y. H. Wu., Eds. *Chinese Culture and Mental Health*. New York: Academic Press, pp.95-112.

Hynd(et al.) (1990). Brian Morphology in Developmental Dyslexia and Attention Deficit Hyperactivity Disorder; Morphometric Analysts of MRI. *Journal of Learning Disability*, 24: 141-146.

Iwald, G. V., & Pierce, K. B.(2008). *Language Development: Learning and Disorder*. New York: Nova Science Publishers.

Ives, M.(1999). *What is Asperger Syndrome, and How Will it Affect Me?* London: The National Autistic Society.

Joffe, V., Cruice, M., & Chiat, S.(2008). *Language Disorders in Children and Adults(electronic version): New Issues in Research and Practice*. New York: John Wiley & Sons.

Kochenderfer, B. J., & Ladd, G. W.(1996). Peer Victimization: Cause or Consequence of School Maladjustment? *Child Development*, 67: 1305-1317.

Lam, C. M.(2003). In Search of the Meaning of Parent Education in the Hong Kong Chinese Context. In M. J. Kane, Ed. *Contemporary Issues in Parenting*(pp.111-124). New York: Nova Science Publisher, Inc.

Lam, A. K., & Ho, T. P.(2010). Early Adolescent Outcome of Attention-deficit Hyperactivity Disorder in a Chinese Population: 5 Year Follow Up Study. *Hong Kong Medical Journal*, 16(4): 257-264.

Landerl, K., & Moll, K.(2010). Comorbidity of Specific Learning Disorder: Prevalence & Familial Transmission, *Journey of Child Psychology Psychiatry*, 51(3): 287-294.

Lord, C., Shulman, C., & DiLavore, P.(2004). Regression and Word Loss in Autistic Spectrum Disorders, *Journal of Child Psychological Psychiatry*, 45(5): 936-955.

Leung, A.(1992). The Use of Structural Family Therapy Concepts in Understanding Families with Pre-school Handicapped Children, *Hong Kong Journal of Mental Health*, 21(2): 65-74.

Ma, L. C.(1987). The Practice of Family Therapy in Hong Kong-A Cultural Dilemma, *Hong Kong Journal of Mental Health*, 16(2): 56-62.

Minuchin, P., Colapinto, J., & Minuchin, S.(2000). *Working with the Families of the Poor*. New York: Guilford Press.

Minuchin, S., & Fishman, H. C.(1981). *Family Therapy Techniques*. New York: Harvard University Press.

Micucci, J. A.(1998). *The Adolescent in Family Therapy*. New York: Guilford Press.

Minuchin, S.(1978). *Families and Family Therapy*. London: Tavistock.

Mooney, J., & Cole, D.(2000). *Learning Outside the Lines: Two Ivy League Students with Learning Disabilities and ADHD Give You the Tools for Academic Success and Educational Revolution*. New York: Fireside.

Myers, S. M., & Johnson, C. P.(2007). Management of Children with Autism Spectrum Disorders, *Pediatrics*, 120: 1162-1182.

Newman, B., & Newman, P.(1999). *Development Through Life: A Psychosocial Approach(7th ed.)*. New York: Brooks / Cole.

Nichols, M. P., & Fellenberg, S.(2000). The Effective Use of Enactments in Family Therapy: Discovery-Oriented Process Study. *Journal of Marital and Family Therapy*, 26: 143-152.

Paul Fletcher(et al.) (2000), Standing Committee on Language Education and Research. *Cantonese Pre-school Language Development: A Guide*. Hong Kong: Standing Committee on Language Education and Research.

Piaget, J., & Inhelder, B.(1969). *The Psychology of the Child*. New York: Basic Books.

Pliszka, S. R., Carlson, C., & Swanson, J. M.(1999). *ADHD with Comorbid Disorders: Clinical Assessment and Management*. New York: Guilford Press.

Reis, S. M., & McCoach, D. B.(2000). The Underachievement of Gifted Students: What Do We Know and Where Do We Go? *Gifted Child Quarterly*, 44: 152-170.

Roddam, H., & Skeat, J.(2010). *Embedding Evidence-Based Practice in Speech and Language Therapy: International Examples*. New York: John Wiley & Sons.

Shaffer, D. R.(1996). *Development Psychology: Childhood and Adolescent(4th ed.)*. New York: Books / Cole.

Shaywitz, S. E., & Shaywitz, B. A.(2008). Pay attention to reading: The neurobiology of reading and dyslexia. *Developmental Psychopathology*, 20(4): 1329-1349.

Sherman, E., & Reid, W. J.(1994). *Qualitative Research in Social Work*. New York: Columbia University Press.

Shulman, B. B., & Singleton, N. C.(2010). *Language Development: Foundations, Processes and Clinical Applications*. Sudbury, MA: Jones and Bartlett Publishers.

Sroufe, L. A., Fox, N. E., & Pancake, V. R.(1983). Attachment and Dependency in Developmental Perspective. *Child Development*, 54: 1615-1627.

Steiner, H.(2004). *Handbook of Mental Health Interventions in Children and Adolescents: An Integrated Developmental Approach*. San Francisco, CA: Jossey-Bass.

Sundberg, M. L., & Michael, J.(2001). The Benefits of Skinner's Analysis of Verbal Behavior for Children With Autism. *Behavior Modification*, 25, pp.698-724.

Swanson, H. L., Xinhua, Z., & Jerman, O.(2009). Working Memory, Short-term Memory, and Reading Disabilities: A Selective Meta-analysis of the Literature, *Journal of Learning Disabilities*, 42(3): 260-287.

Sutton, S., Yack, E., & Aquila, P.(1998). *Building Bridges Through Sensory Integration: Therapy for Children with Autism and Other Pervasive Developmental Disorders(2nd ed)*. Las Vegas, NV: Sensory Resources.

Walsh, F.(1998). *Strengthening Family Resilience*. New York: Guilford Press.

White, M., & Epston, D.(1990). *Narrative Means to Therapeutic Ends*. New York: Norton, pp.38-75.

Yin, R.(1994). *Case Study Research: Design and Methods(2nd ed.)*. Thousand Oaks, CA: Sage.

Zubrick, S. R., Williams, A. A., Silburn, S. R., & Vimpani, G.(2000). *Indicators of Social and Family Functioning*. Australia: Department of Family and Community Service.

《中譯心理學詞彙》(1982)，香港：中文大學出版社。

高劉寶慈、區澤光編（2001），《個案工作：理論及案例》。香港：中文大學出版社。

馬麗莊（2001），《青少年與家庭治療》。台北：五南圖書出版有限公司。

黃富強著，黃富強、喻慧敏譯（2007），《精神病臨牀個案管理 —— 致病性、壓力模式》。香港：中文大學出版社。

孔繁鐘編譯（2007），《DSM-IV-TR 精神疾病診斷準則手冊（第四版內文革新版）》(*Quick Reference to the Diagnostic Criteria from DSM-IV-TR*)。台北：合記圖書出版社。

東尼艾伍德著，劉瓊英譯（初版）（2009），《亞斯伯格症：寫給家長、患者和專業人員的完全手冊（進階完整版）》。台北：智園出版社。

天寶葛蘭汀著，廖婉如譯（2012），《我看世界的方法跟你不一樣：給自閉症家庭的實用指南》。(*The Way I see It: A Personal Look at Autism and Asperger's*)。台北：心靈工坊。